海外へ飛び出す③
working in KOREA

韓国で働く

笹部佳子
Sasabe Yoshiko

めこん

韓国で働く ● 目次

Information はうしろのページから始まります。

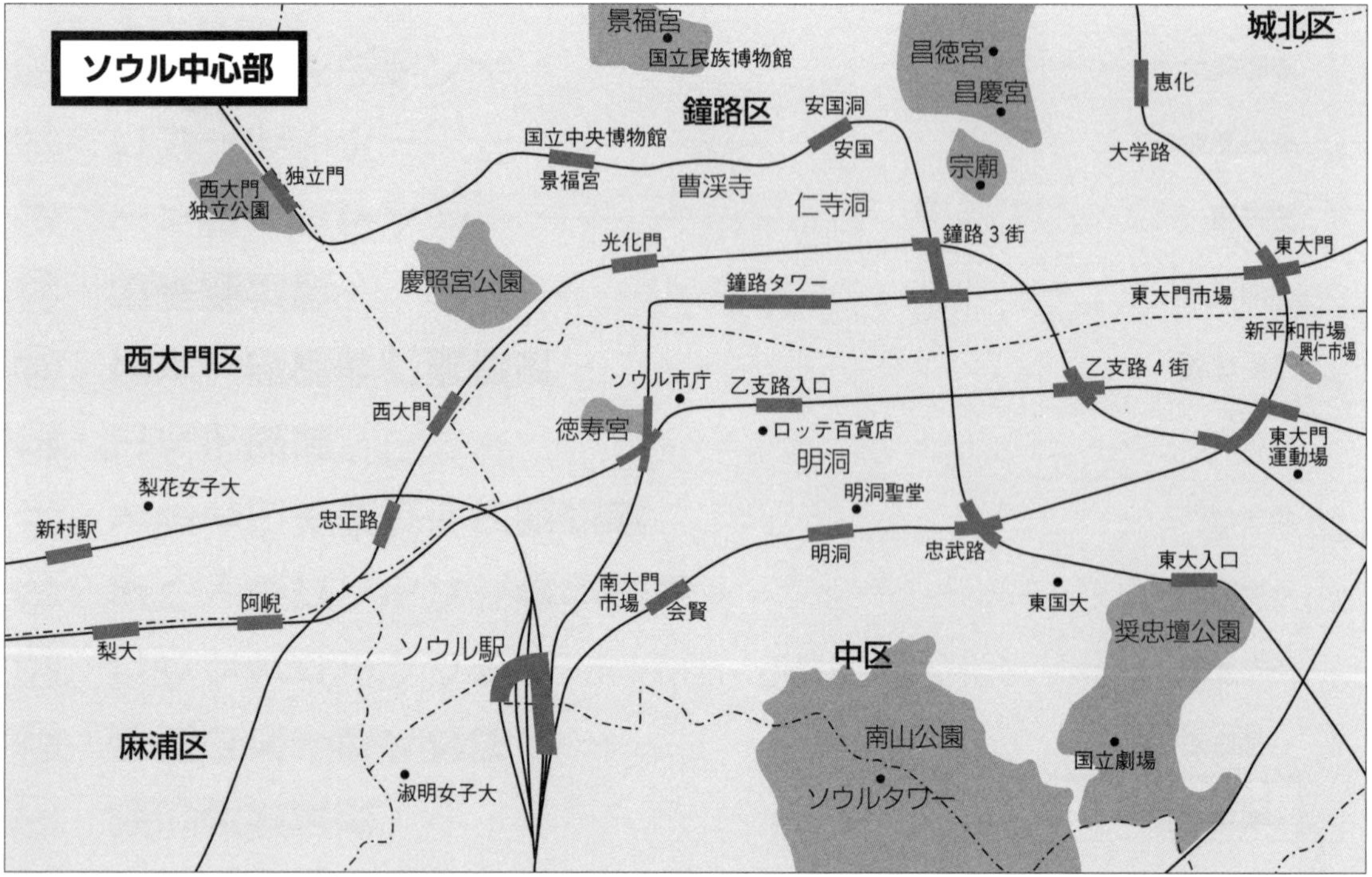
ソウル中心部
景福宮
国立民族博物館
昌徳宮
昌慶宮
城北区
恵化
鐘路区
安国洞
国立中央博物館
安国
大学路
独立門
景福宮
宗廟
西大門
独立公園
曹渓寺
仁寺洞
鐘路３街
光化門
東大門
慶照宮公園
鐘路タワー
東大門市場
新平和市場
興仁市場
西大門区
乙支路４街
ソウル市庁
乙支路入口
西大門
徳寿宮
ロッテ百貨店
東大門
運動場
明洞
梨花女子大
明洞聖堂
忠正路
新村駅
明洞
忠武路
東大入口
南大門
市場
会賢
東国大
阿峴
奨忠壇公園
梨大
ソウル駅
中区
南山公園
麻浦区
国立劇場
淑明女子大
ソウルタワー

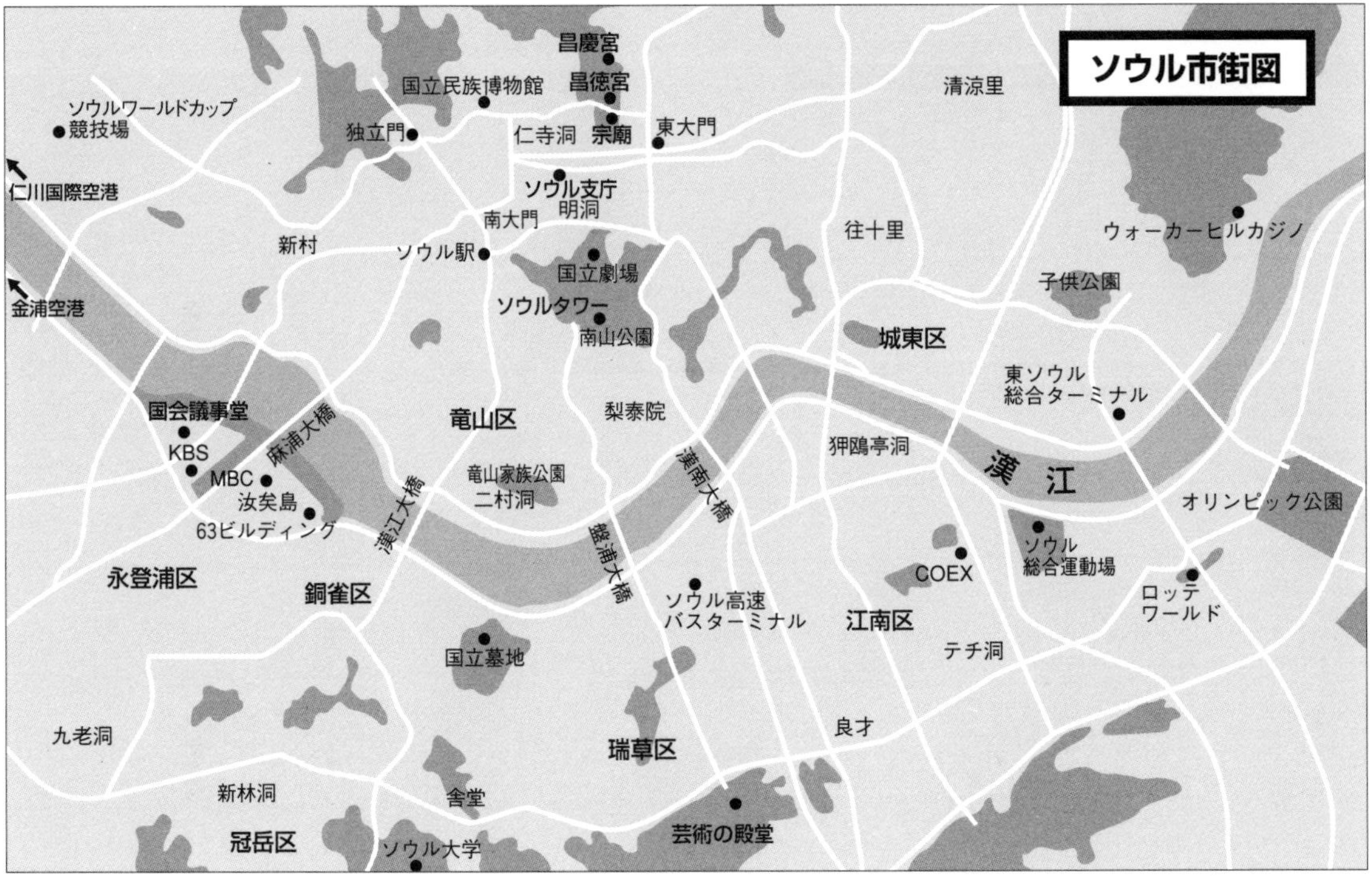
ソウル市街図
昌慶宮
昌徳宮
国立民族博物館
ソウルワールドカップ
競技場
独立門
仁寺洞
宗廟
東大門
清涼里
仁川国際空港
ソウル支庁
明洞
南大門
新村
ソウル駅
往十里
ウォーカーヒルカジノ
国立劇場
子供公園
金浦空港
ソウルタワー
南山公園
城東区
東ソウル
総合ターミナル
国会議事堂
麻浦大橋
竜山区
梨泰院
KBS
MBC
汝矣島
63ビルディング
漢江大橋
竜山家族公園
二村洞
漢南大橋
狎鴎亭洞
漢江
オリンピック公園
盤浦大橋
ソウル
総合運動場
COEX
永登浦区
銅雀区
ソウル高速
バスターミナル
江南区
ロッテ
ワールド
国立墓地
テチ洞
九老洞
良才
瑞草区
新林洞
舎堂
冠岳区
ソウル大学
芸術の殿堂

まえがき――不思議の国　韓国　愛すべきケンチャナヨ

韓国で生活をしていると「ケンチャナヨ」という言葉を嫌になるほど耳にする。実際、韓国人を理解する上で最も重要な言葉は「ケンチャナヨ」かもしれない。


「遅刻してすみません」と誤ると「ケンチャナヨ」

「明日のテスト上手くいくかしら?」と聞けば「ケンチャナヨ」

「この書類、明日までに間に合わないんじゃないですか?」と指摘をすれば「ケンチャナヨ」

「あの彼どう?」と冷やかすと「ケンチャナヨ」

「トイレのドアが閉まらないんですが」と管理人に訴えると「一人暮らしじゃないかケンチャナヨ」


この「ケンチャナヨ」は一見たのもしそうに思えるが、韓国で生活する外国人には実に厄介で理解に苦しむ言葉でもある。なぜなら「ケンチャナヨ＝大丈夫」という意味とは裏腹に大半が「UNケンチャナヨ」なケースで、韓国人の「ケンチャナヨ」を信じたばかりに痛い目に合ったという外国人は少なくないからだ。もちろん外国人の中には何でも「ケンチャナヨ」が通用するおおらかさが好きだという人もいるが、他人に対して寛大な社会は、自己の甘えをも生みだし、「懐の広い人」であることを強要され、遅刻、ドタキャン当たり前の傍若無人な振る舞いさえも容認せざるを得ない結果を招く。そのためか韓国人はすっかり信用を失い「いい加減だ」「約束を守らない」「うそつきだ」などといわれ「ケンチャナヨ」はルーズな国民性を揶揄する代名詞として定着してしまった。

私が韓国に住み始めたのは四年前。当時、韓国語はもちろん、韓国のことは何一つ知らなかった。当然友人、知人もいなかった。

急に思い立った韓国留学である。到着早々、家探し、語学学校の下見など生活の準備に取りかかったのだが、何しろ言葉ができないのだからどうにもならない。ひとまず旅行会社を訪ね通訳さんを確保、市内観光のかわりに家探しを手伝ってもらうことにした。快く仕事を引き受けてくれたのは日本人の奥さんをもらったばかりの李（リー）さん。二人で学校の近くを歩き回りながら「下宿」の張り紙を見つけては電話をかけ続けた。しかし新学期が始まる直前でもあり、日本で何の手配もしてこなかったため物件は見つからない。その日は仕方なく家探しは諦め、銀行口座の開設や携帯電話の加入など面倒な契約を伴うものを済ました。お陰で何とか家探し以外のことは順調に進んだが、それでも住まいが見つからないのでは不安は募る一方だ。

翌日も李さんと家探しをと思ったが、日本語ベラベラの李さんのギャラは一日二万円。少額の予算でやってきた私には、これ以上李さんに仕事を依頼することは不可能だった。そんな時ホテルに電話がかかってきた。「いいところがあったから、明日一緒に見に行きましょう」。李さんからだ。李さんは私と別れた後もフリーペーパーを片手に外国人でも受け入れてくれるというアパートを必死で探してくれたらしい。思わぬ吉報に不安は一気に解消されたが、問題は李さんへの報酬。私は正直に十分なお礼ができないことを伝えたが、それでも李さんは無料で案内を買ってでてくれた。

見にいった物件はみすぼらしい地下室であったが、八畳ほどの広さで、韓国では珍しい浴槽まで付いていた。一目で気に入った私は早速契約したが、その時意外な事実を知った。外国人ということもあり、どこも入居を拒まれたのだが、この物件だけは身元保証人付きでという条件で許可してくれた。李さんは私のために見ず知らずの外国人の身元保証人になってくれていたのだ。戸惑う私をみて李さんは一言「ケンチャナヨ」。あまりの親切に涙が出る思いではあったが、もし私が国際的な女詐欺師であったならどうするのだろうか？　それでも「ケンチャナヨ」と言い切れるのであろうか？　世話になっておきながらも、韓国生活早々、韓国人の「適当さ」に驚いた。

韓国生活も四年目になる今、私自身もこの「ケンチャナヨ」を上手に使うようになった。そしてあの時の李さんの「ケンチャナヨ」の意味も今ならわかるような気がする。これは決して私が約束を守れないルーズな人間になってしまったという意味でなく、「ケンチャナ」の奥に潜む韓国人の逞《たくま》しさを知ったからだ。遅刻を詫びる友人には「平気、平気」と慰め、明日のテストを不安に思う友人には「上手くいくさ」と激励し、仕事の締め切りに関しては虚勢を張って無理をして、ハンサムな男性を前には「イケてるかも」と照れ隠し。トイレのドアに関しては上手く解釈ができないが、おそらく管理人のおじさんなりの励ましで、李さんの「ケンチャナヨ」はトランク一個で異国にきて途方にくれる外国人への憐《れん》憫《びん》の情だったのだろう。

韓国のお年寄りはよく「言葉どおりに事は運ぶ」というふうなことを言う。つまり「言霊《ことだま》」だ。歴史に翻弄され数奇な運命をたどってきた朝鮮半島の人々は激動する社会に適応することで困難を乗り越えてきた。幸せとはほど遠い事態にも「ケンチャナヨ」と自分に言い聞かせ逞しさを身に付けてきたのかも知れない。「ケンチャナヨ」は本来言葉が持つ意味とは大きくかけ離れ、あらゆるシチュエーションでオールマイティに活用されるため誤解を招きトラブルにもなるが、短いフレーズの中に喜怒哀楽を封じ込め、虚勢を張る姿こそが韓国人の「ケンチャナ精神」ではないだろうか。

韓国にはこんな「ケンチャナヨ」に翻弄《ほんろう》されながらも、彼らと対等に、時にはリーダーシップを取りながら生活している日本人がいる。異文化の壁を乗り越え、彼らと笑い、そして彼らと共に働いている。韓国生活者としての日本人は韓国人に負けず劣らず実に優しく、逞しい。

定年退職後の人生を韓国に賭けた放送人、ガンと闘う女性企業家、夢を追い続ける若き女性ディレクターなどなど。本書でインタビューにお応えいただいた方々からは不景気に押しつぶされ元気をなくした日本人の姿はどこにもなかった。

今、韓国は熱く「夢の発展途上中」。世界の大国、韓国を目指して猛進中だ。かつての日本の高度成長期、日本人は活気に溢れ豊かな未来を信じて疑わなかった。今、成熟した日本社会は便利さと引き換えに、気力と豊かさを失った。韓国が世界の大国になるかどうかは定かではない。しかし、成功すれば「ウリナラ　ヌン　ケンチャナ＝わが国はなかなかのものだ」、失敗すれば「ケンチャナヨ＝次があるさ」と、ジョッキを傾け、歌を歌い、政治家気取りに議論する元気で心豊かな韓国人の姿が見えてくる。本書ではそんなタフな彼らと日々喧々諤々《けんけんがくがく》やり合いながら、韓国の地で逞しく働く17人の日本人に登場していただいた。悩み、苦しみ、韓国人とぶつかりながらも奮闘している彼らの生の言葉をとおし、読者の皆様に溢れるエネルギーを感じていただけることを強く願っている。

韓国で働く●インタビュー

1 特許事務所勤務

多田朝子

Tada Tomoko

韓国企業で円滑に働くには「韓国社会の性質を熟知する」こと

生年月日：一九七二年八月一五日
出身地：岐阜県
学歴：国立女子大学文学部　東洋史学科卒業
職業：特許事務所　特許部日本語チームで翻訳、校正担当
労働条件：月給二〇〇万ウォン。ボーナス年一～二回、勤務時間は九：〇〇～一八：三〇、土曜隔週勤務九：〇〇～一三：〇〇
住まい：ソウル市内のアパート　一八坪
来韓年度：一九九八年一〇月

韓国にきて四年半過ぎました。よくここまで持ったなって思います。実は私、韓国に彼がいるからきたんです。彼とは中国に留学している時北京で知り合いました。私の通っていた語学学校は日本人が一二〇人くらいで韓国人が一五〇人くらいいました。中国語を勉強する韓国人は非常に多かったですね。韓国も中国語ブームですからね。中国は北朝鮮の関係が強いから、以前は韓国人の中国への入国は禁止されてたみたいなんです。それ

が、私が留学する少し前に開放されて随分韓国人の中国留学は増えたんですよ。留学当時、彼はすごく優しくて、たのもしくて好感を持ちました。私、韓国語を一つも知らかったんですけど、彼をとおして一番に覚えた韓国語は「キヨプタ＝かわいい」でした。会うたびに「キヨプタ、キヨプタ」って。日本じゃあんまり女性を褒めてくれたりしないでしょ。毎日お姫様気分でした。今韓国に住んで考えてみると、女性を気分よくしてあげるというのは韓国男性の特長でもあるような気もするんですけど。

二年間の留学を終えた後は、彼は韓国に戻り、私も日本に帰って大学を卒業し、旅行会社に就職しました。浅はかなんですが、旅行会社を選んだのも彼の住む韓国に行きやすいんじゃないかと思ったからなんです。それからは一年半くらいお勤めをするんですが、やっぱり「彼がいる所に住みたい」と思いまして、九八年に韓国にきました。

こっちにきてからはひとまず語学学校に通うんですけど、一年半でそれも終了してしまい、「働きたい」と思って職種は問わず友人に働き口はないかと尋ねてみたんです。そしたら、今の勤め先で前任者が辞めるからってことで紹介をしてもらったんです。

今勤めているのは特許事務所です。うちの会社は日本から韓国への特許申請の業務が九〇％を占めていまして、翻訳された書類の校正や、ビジネスレターの作成などに日本人が必要なんです。入社当初は日本語の書類をタイピングする、日本語タイプの仕事だけだって言われていたんですけど、私が入るのと同時に日本語がお上手な弁理士の先生が辞めてしまわれて、校正や翻訳まで担当するようになったんです。ただ、はじめは韓国語ができたとはいえ大変でしたよ。うちの会社は半導体、機械、発明、電気関係など、科学系の特許申請が多いので、物理や化学の用語なんて、「大学のセンター試験以来」という言葉だらけですからね。日本語で見ても難しいような言葉がたくさんでてくるんですよ。

ビジネスレターに関しても難しいですね。うちの会社は高学歴の人が多いし、もともと韓国の人はプライドがとにかく高いですから、お詫びの手紙を書いてくれないんです。普通日本人だったら、「報告が遅れまして、申し訳ありません」というふうな一文を添えたい時でも、先生の許可を取るのが大変なんです。交渉しても絶対入れてくださらない先生もいらっしゃいますからね。その反対に裁判で勝ったときなんかは「私どもが努力しました成果が実り」というふうな一文をしっかり入れろって言われるんです。こうなってくると翻訳だけできても仕事ができるという世界じゃなくなってきますよね。日本人としてはそんな手紙を送ると相手がどう受け止めるか想像がつきますから、不安になりますよ。私の場合は日本で会社勤めをして韓国にきたことが大きかったと思います。日本での社会人としての基礎がなかったら今頃クビになっていたかも知れません。

私はとにかく韓国でしっかり生活をすることを目的にきましたから、今の仕事はお金がきっちり貰えて安定しているのが何よりの魅力です。お給料は月二〇〇万ウォンで、ボーナスもありますし、休みも年間一二回取ることができます。まとまった休みは四日間までですから、祝日などを挟んで休みを取ると旅行にも行けます。勤務時間も長い方ではないですし、休み時間は昼休みと、四時から四時半の三〇分休みがあるんです。三〇分の休み時間には銀行や病院に平日でも行くことができますから。いろんな意味で、ここで働いていらっしゃる日本の女性に比べて恵まれていると思います。私の場合は韓国で働

▲気分は国家代表！　社内のサッカー大会。応援グッズだってばっちり完備

いているとはいえ、日本で働いているのとあまり変わらない生活ができていると思います。

ただ、韓国の企業で働くには、いくつか押さえておかなければならないルールもあるんです。これは韓国企業の特徴なんですが、仕事以外に会社の行事が多いことです。うちの会社は年に二回体育大会がありまして、妊娠中の人、家に不幸事があった人、自分の結婚式がある人以外は絶対参加なんです。競技はバレー、サッカー、バスケ、ドッジボールなんかですけど、みんな燃えるんですよ。今年の春は、中止になりましたけど、基本的には年に二回の恒例行事です。

うちの会社は高学歴でお勉強ばっかりしてた人が多いでしょ。外にでて運動してた人が少ないから、怪我をする人が多いんですよ。去年の秋はサッカー大会だったんです。ワールドカップの後でしょ。だから皆さん気分は国家代表選手みたいになっちゃって、すごく張り切ってやってたんですけど、アキレス腱をいためて三ヶ月の自宅勤務なんていう人もいまして、今年は中止になったんです（笑）。それに韓国の学校は勉強が中心であまり体育を熱心にやらないみたいです。もう一人、私は日本で標準レベルの運動神経なんですけど、体育大会ではＭＶＰ賞をいただきました。日本人の方が働いてらっしゃるんですけど、その方と二人でＭＶＰ賞は日本人が独占です。

韓国の会社では多かれ少なかれこんな行事がありますから、日本人はこんな時に大活躍して皆と仲良くなるというのがいいでしょうね。それに運動が苦手だっていう人でも「フェーシク＝会食」という活躍の場がありますから。会食っていうと日本では堅い席のようなイメージがありますけど、韓国では飲み会のこと。この「フェーシク」は韓国ならどんな会社でも必ず業務の一環のように行なわれます。運動ができない人はこの飲み会で活躍するとか、飲めない人はカラオケで盛り上げるとか、何か一つ皆さんとの行事の中で頑張ればいいんです。仕事には関係ないようなことに思えますけど、韓国社会では家族的な仲の良さというものを大企業でも強く求めてきますから。

家族的な関係と言えば、昼食の時も韓国ならではの雰囲気があります。私は外食は負担ですから、節約のために会社にお弁当を持って行くんです。お弁当を食べる時にも暗黙の了解というかルールがあって、お弁当持参の人は皆集まって食べるんですね。ご飯はそれぞれ自分の物を食べて、おかずは真ん中において持ち寄りで食べるんです。キムチは冷蔵庫にありますしね。極端な話、白ご飯だけを持って行ってもお弁当が食べられるようになってるんですけど、家にあるもの何でもいいから二品くらい持って行くようにしています。日本みたいに、小さなお弁当箱にちょっと入れて持って行くと、皆に食べられて悲しい思いをします。それから、韓国人は辛いおかずを持ってくるので、日本食のようなものを持って行くのもコツですね。毎日のことですから、辛いものばかりではつらいですよ。

韓国の会社は日本に比べてベタベタした付き合い。それが負担になる日本人もいると思いますが、その分体調が悪い時など本当に心配してくれたり、しょっちゅう声をかけてくれたり、いい面もあります。

私の場合は友人の紹介で、応募者も二人という内々の就職試験で合格しましたし、入社した会社も韓国で五指に入る規模の特許事務所なので待遇的にも恵まれていると思います。何も準備はしていなかったのに運がよかったですね。ただ、今韓国企業の中で働いてみて、韓国での就職のために事前に準備できることはいくつかあると思います。

もしこれから韓国で働きたいという方がいたら、ものすごく若い方の場合は、一生懸命勉強されて、いい大学を卒業されることを薦めます。韓国は学歴社会で履歴書や紙資料が大きく物を言うんです。例えば履歴書の書き方にしても、日本だったら国立大学卒でも、国立○○大学って書かないでしょ。ただ、○○大学って書いて。でも韓国だったら国立○○大学って感じに、国立が太字で浮き立つぐらいの勢いで書かなければ損です。また、お勤めの方だったら、今自分が勤めている会社よりも、親会社や系列会社の名前を大きく書くことも有効でしょうね。「○○グループ　○○会社勤務」というふうに。実際、自分の会社と遠い関係でもいいんです。韓国人が知ってる名前が一つ入っているだけで効果大です。

後は語学についての記入。韓国では語学ができるということが日本以上に大きく評価されます。私の場合は、日本語、中国語、韓国語、英語というふうに書きました。英語に関してはそんなできるって方じゃないんですけど、それをチェックする人もいませんしね。実際韓国人もそうしてますから。うちは日本語チームでしょ。皆さん面接では「日本語ができる」と言って入ってきているんですけど、私が日本語で話しかけても聞き取れないことが多いです。もちろん皆さんお勉強はなさっていて、読み書きはできるんですけど。その事実がわかってからは韓国語で話すようにしています。彼らにとって「日本語を聞き取れない」ということがばれてしまうことさえも、どうやらプライドを傷つけてしまっているようですから。とにかく語学に関してはできるだけ多く書き込むこと。資格などを持ってたら、それも積極的に書き込んだ方がいいでしょうね。

韓国の会社の募集は、日本のように大募集というのは少なくて、皆さんなんらかの紹介で入ってくるのが普通なんですよ。だから、韓国でやりたい仕事を見つけたら、その業界の人とたくさん知り合いになって、紹介してもらうことをしていかなくてはいけないでしょう。逆にここを押さえておけば日本人でも韓国大手企業の現地採用なども難しくないと思います。

私は中国も見てきていますから、ソウルの生活は快適なんですよ。

韓国にきた当時は四五〇ウォンだった地下鉄が今七〇〇ウォンですからね。金額にしたらたいしたことはないですけど、この四年の間に値上がりした事を考えるとすごい倍率ですよね。だから物価の上がり方がここのところ激しすぎて大変だなぁとは思いますけど。実家が岐阜で、大学が奈良、お勤めしたのが名古屋ですから、岐阜や奈良に比べたら、ソウルの方が交通も便利だし、都会に思えます。それに物価高だと言っても、岐阜のパン屋さんで八〇円くらいのパンがソウルでも同じくらいだし、名古屋のパン屋さんに比べたらソウルの方が少し安いかなって感じなので。

日本に帰りたい気持ちもありますけど、今、日本に帰って実際仕事があるのかと考えたらそこで止まってしまいますね。今の職場にはクビにならない限りはずっといようと思ってます。

2 大学講師

水野俊平

Mizuno Shunpei

韓国で利害関係を持って生きていくなら「真剣勝負」じゃないと

生年月日：一九六八年一月五日
出身地：北海道
学歴：天理大学 朝鮮学科卒業
職業：大学講師（助教授待遇）
労働条件：勤務時間は授業月、水、金曜日、休みは日、祝、夏休み、冬休み。給料二三〇万ウォン+α、放送出演料二〇〇万ウォン程度
住まい：地方のワンルームアパート、ソウル市内の二三坪の賃貸アパート
生活費：二〇〇万ウォン
来韓年度：一九九〇年初め

韓国で一番有名な日本人？ いや、それはもう返上しようと思って。いろんな意味できつくてですね。テレビの出演だけやっていればいいんですけどね。論文も書かなあかんし、授業の準備もせなあかんし。しかも家がソウルにあればいいんですけど、光州（クワンジュ）ですからね。位置的にはソウルから、南西に四〇〇キロ、鉄道で四時間半かかります。距離にしたら東京から浜松くらい。レギュラー番組はバラエティー番組と教養番組の

二つあったんですけど、あんまりきついんで、一つは二月に、もう一本の四年間やってた奴は先週に切ったんですわ。

放送の出演は一〇年くらい前からやってました。僕がなぜ頻繁にテレビにでられたかということから考えますと、一つはワールドカップが共催だったこと。共催だけどいまいち盛り上がらない。規制があるから日本からの芸能人を連れてくるわけにもいかない。手っ取り早く面白い奴がいいということが一つ。それから、日本文化開放。日本人に韓国語で日本を喋らせたい。これが二つ目。もう一つは、当時の大統領、金大中（キムデジュン）が全羅道（チョルラド）出身だったこと。全羅道方言を喋る日本人もいいだろうと、これが三つ目ですね。それまで全羅道の人は鬱屈してましたから。テレビでも映画でも全羅道の方言で喋る役割の人っていうのはヤクザですし。運転手さんとか、泥棒とか強盗とか。韓国の人の目から見てブルーカラーの底辺、柄が悪いイメージがあったんですよ。映画で「カンチョプ リ チョルジン（スパイ リ チョルジン）」というのがあったんですけど、タクシー強盗が全羅道の方言を喋るんです。そうしなければならない理由があるのなら別ですけど、非常に不愉快で途中で映画館をでちゃいました。まあ、そんな感じでしたから今までいいイメージで全羅道の方言を看板にテレビにでてくる人はいませんでした。地元の人たちは嬉しかったんでしょう、本当に喜んでくれて、テレビでどんどん全羅道の言葉で喋ってくれ、選挙にもでてくれと言われましたね。選挙って言われても、外国人なのにどうするんだって（笑）。朝の奥さん番組にでてるときも、番組の中で出演者が一言喋るたびに視聴者が電話で投票するというのがあったんですけど、支持の電話を随分もらって、商品も随分もらいました。全羅道の人達が一生懸命電話掛けたりして、組織票があったんでしょう。

この前はインターネット調査の「韓国人らしい外国人」というので二位になりました。でも、これって引っかかるんですよね。放送にでていますと本音を語れなくなることがありますから。つまり、テレビにでて韓国人の口当たりのいい言葉だけを言えってことですよ。今に黒いもんも白く言わなきゃいけなくなってしまいますよ。

僕も韓国について思うことはいっぱいある。だけど韓国人は本音を聞きたがらない。あるワールドカップ関連の番組でリポーターをやったんです。初めに日本、トルコ戦。その後に韓国、イタリア戦をやった日でした。一緒に番組をやってた韓国人スタッフは「日本が上に上がったら民族の恥。日本負けろ!!」って感じなんですけど、放送ではそういうのを出せませんから。「韓国の人たちも一生懸命応援してますよ」とコメントして。日本が負けた後も出演は続くわけですけど、台本にはこう書いてあるんですよ。「日本は負けてしまったけど、韓国が勝ったので残念じゃないです」って。そういうところにはケチを付けたくはないですけど、楽しい仕事じゃなかったです。

サッカーだったらまだいいんですけど、教科書問題もあった。「私も反省してます」って言わされそうになったこともありました。反省するのにやぶさかではないんですけど、そんなもの台本に書いてあるのを読み上げるものじゃないじゃないですか。

「それおかしいんじゃないんですか?」って聞いたんですけど、

「あんたを出すために我々も苦労してるんだ」と。

放送局の中でも日本人を出演させることに風当たりがあるってことでしょうね。「あいつも反省している」という意味で台本を読まされたんでしょう。番組出演して必ず出してくる質問は

「竹島はどこの国の島ですか？」
「靖国神社参拝についてどう思いますか？」
「韓国の女性と日本の女性はどちらが綺麗ですか？」

視聴者が満足する答えは一つですよね。僕は靖国神社の参拝に全面的に賛成しているわけでも、歴史教科書に問題意識を持っていないわけでも、竹島がどこの国のものだとも思っているわけでもない。ですけど、自分の考えた過程をきちっとコメントしていくことが必要ですよね。

日本人だったらアメリカ人を捕まえて「原爆投下についてどう思うか？」とか、ロシア人を捕まえて「シベリア抑留」について聞いたりしないでしょ。でも韓国人は言うんです。過去のこと忘れられないから。そういうことを離れて日本とか日本人とか考えられない。「韓国に口当たりがいいことを言っているけど、本心はわからない」って、僕を試しているんでしょう。本当に親韓派かどうか。韓国にとってなんでもイエスマンかどうかを。そういうのは「キムチが好きです」なんて言ってる芸能人がやればいいことで、研究者のやることではないと思うんです。それは偽善ですから、いろんな意味でストレスが溜まりますし、いい経験もたくさんさせてもらいましたが、そろそろ辞めるべきだろうと考えてます。

僕が韓国に来たのは一九九〇年の初め、一三年前は留学生だったんですよ。大学での専攻が韓国語で、僕の大学には大学院がなかったものですから、もうちょっと勉強したいなって思って今の職場でもある全南（チョンナム）大学に留学したんです。あんまり深く考えてなかったですね。韓国にきてからは大学院で修士論文に三年かけて、博士は韓国にきてから一一年ですから、一昨年卒業しました。その間に留学生が日本語の助手になって、助手が非常勤講師になって、非常勤から専任講師にと変化していったんですよ。僕の選考は韓国語なんですが、大学で教えているのは日本語です。当時僕は大学院の学位課程を修了してやることがなかった。後は論文を書くだけという時に今の職場「日本語日文学科」から、指導教授を通して話がきたんですよ。これは断れませんよね。それに、学科課程を修了してしまうと、在学証明が取れないからビザはでないんですよ。論文の資料もこちらにありますし、指導も受けやすいし、審査はこちらで受けなくてはなりませんからね。石にかじりついてでも帰らないつもりで、「渡りに船」と言わんばかりに引き受けました。それにその頃、結婚もかかってましたから。

授業はとにかく学生数が多いんですよ。一クラス六〇人くらいで、全体で三〇〇人ほど。理論授業だったら喋ってたらいいんですが、会話やってくれとか、作文やってくれとか、管理するのが大変です。初めは僕も緊張してましたし、学生も緊張してましたね。何しろ初めてきた日本人だった。日本語の授業なのに、前任者が帰ってから日本人の講師が一人もおらんかったわけです。とにかくなんとかしていかなきゃいけないと一生懸命でしたけど、地方の大学なもんですから機材もない、あるのは黒板だけ。教材も最初は市販のものを使っていたんですけど、ひどいんですよ、殆ど使い物にならないんです。だから休み期間中に教材は全部作ることにしました。休みの間は苦労しますが、学期が始まってからは楽ですから。今は夏休み中ですから、教材の準備もしなきゃいけませんし、いろいろなところからも教材を書いて欲しいという話がきて、時間が足りないですね。

かみさんとの結婚の話ですか？　学生だったし、金なかったし、たいしたロマンスもなかったんです

▲全員集合！　お父さんの一声で整列、わんぱく盛りの息子達。子育ても全面協力

よ（笑）。かみさんと知り合ったのは日本です。彼女は陸上ホッケー、ユースの韓国代表として日本にきてたんです。そのとき僕が通訳で。日本に滞在している間は監督の監視が厳しくて付き合うなんてことはなかったんですけど、僕が韓国に留学してから付き合い始めました。結婚したのは知り合ってから六年目。向こうの親に呼び出されて「どうするんだ」って。どうするもこうするも何も考えてなかったんですけど…。今は子供も三人。男の子ばっかり、六歳、三歳、一歳ですから家庭的なパパにならないと勤まりませんね。子供が日本人学校に通うために、かみさんと子供はソウルに住んでるんですよ。だから、週に二、三回夜行バスでソウルにあがってきて、名誉挽回で頑張ってます。幼稚園の送り迎えをして、テコンドー*教室に連れてって、水泳教室に連れてって。子供が三人でしょ。僕がやらないとやる人がいないから、育児は気が付いた人がやろうってことにしているんです。それにしても、韓国人って負けん気が強いでしょ。うちの子供がテコ

ンドー教室に行き始めたら、近所の子供みんなテコンドー教室行き始めましたからね。韓国人の子は黄色帯になった、青帯になったって、親まで巻き込んで昇段に必死なんですけど、うちの子は日本人なんでしょうね、のほほんとしてます。ご飯を食べる時も「そんなにのろのろ食べてたら軍隊に行った時についていけないぞ！」って怒鳴るんです。上の子は日本国籍ですけど、下の二人は二重国籍なんで、本人が希望すれば軍隊に行くかもしれません。韓国では男はマッチョでなければ生きていけないですから……。

　韓国では軍隊というのも重要なアイテムですよ。韓国の男の人はよく働くんですよ。軍隊に行ってきてるじゃないですか。仕事量が違うんですよね。サッカー見てもわかるように、死ぬ気で頑張りますから。僕もあいつらには負けられないって必死だったと思います。仕事も一生懸命やったし、お酒も負けないように死ぬほど飲んだ。本心を言うとリタイア気味ですけど、そういうのに支えられてやってこれたようなところもあります。自分でも本当に一生懸命仕事してると思いますよ。授業は月、水、金。大学で寝泊まりすることもしょっちゅうです。火曜日と木曜日はブランクなんですけど、テレビ見たり勉強したり、講演したり、その他に頼まれごとを聞いています。例えば「日本人の妻が離婚するって言ってるから説得にきてくれ」とか、「日帝時代の債権、満鉄の株券をどうにかしてくれ」というような戦後補償問題。今でもみんな持ってるんですよね。本当に気の毒な人が多くて。だから日本に手紙を書いてあげたりしてるんですけど。また、そんな人が日本嫌いかっていうとそうでもない。愛憎が入り乱れているんですね。テレビ見て、インターネット、ファクシミリ、電話でどんどん「お願い事」がきています。この「お願い事」は大事な仕事の一つに入っちゃいましたね。韓国にハマるというのは「助け合いにハマる」ということですから、ねちっこい付き合いをしていかなければならないんですよ。

また、韓国で働くという面では、韓国人はプライドの塊ですから、相手のプライドを傷つけないように頑張らなくてはいけない。きちっきちっと挨拶をする。「どこかに行きます」と言えば挨拶にあがる。「帰ってきました」と言えば挨拶にあがる。ススンエナル（先生の日）や盆と正月には付け届けを欠かさないように気を付けて、ご機嫌伺いにあがる。大学の場合ですと、学期が終わった時には一緒に遊びに行くとか、節目節目の行事に必ず参加する。上に立つ人だったら、この節目節目の行事をきちっと主催する。こういうことが大切なんだと思いますよ。

韓国という国は大雑把。だけど、夢が見える。日本より可能性を試せる世界だと思うし、夢が追えると思うんです。韓国人と本音で付き合うのは楽しいことばかりじゃない。でもそれを乗り越えちゃったら楽しいですよ。あんまり日本に帰ろうとは思いませんもん。ただ、まだ日本には韓国語を教えられる人間は多くいないんですよね。そろそろ舵を切り替えなくてはと思っています。僕の夢は日本で韓国語を教えることで、そのためにきたわけですから。韓国内で韓国語の教師の検定というのがあるんです。それを一から取り直して、その時にはテレビにでてたなんていうプライドは邪魔になりますからね。地べたから、叱られながらやって行きたいですね。

また一から出発ですわ。

＊韓国伝統の格闘技。主な技は拳突きと足蹴り。
＊＊韓国は徴兵制度があり、男子は満十八歳で、二四ヵ月の軍隊生活を送る。

3 演劇コーディネーター
木村典子
Kimura Noriko

韓国にこだわってません。魅力を感じた人が韓国人だった

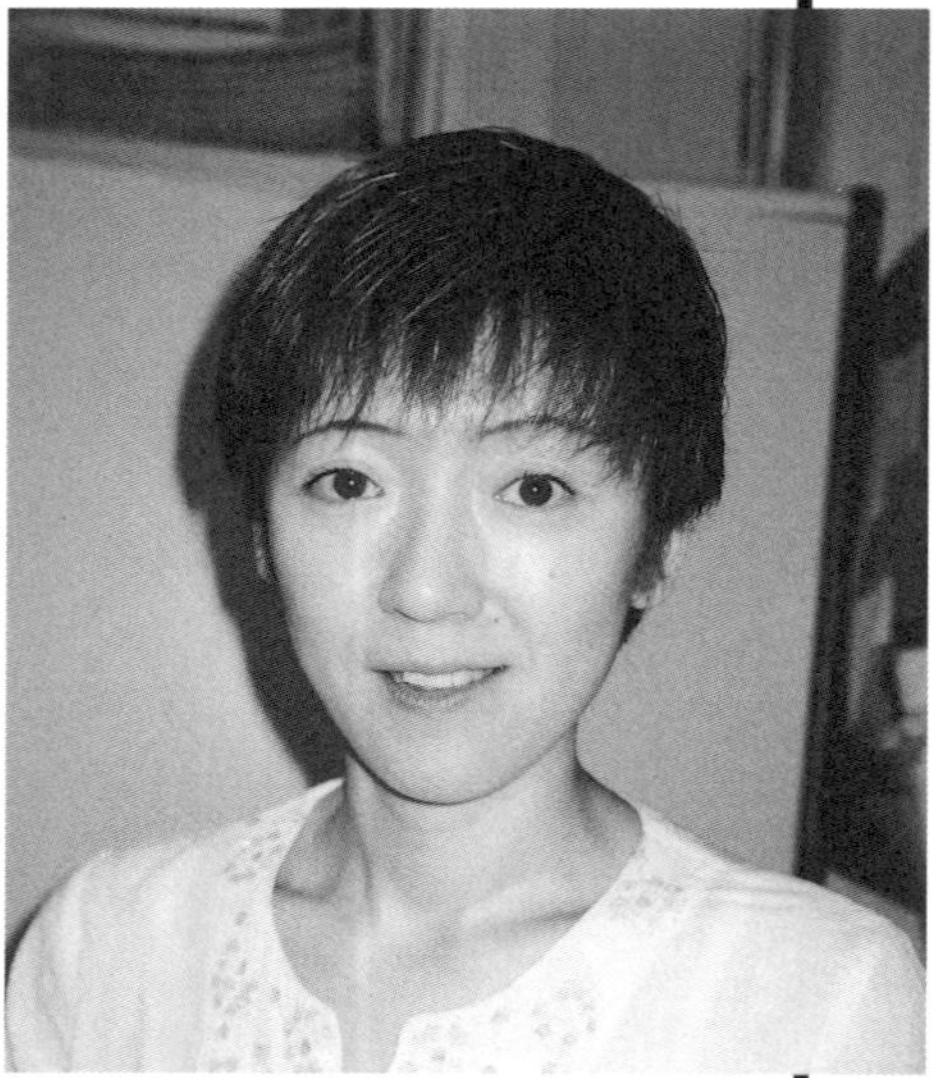

生年月日：一九六三年九月三日
出身地：北海道
学歴：北海道内の高等学校卒業
職業：演劇コーディネーター（劇団「木花」所属）
労働条件：勤務時間など特に決まりはなし、給料は公演費を分担（かろうじて生活可）
住まい：古い一軒家（部屋二つ、台所付き、トイレは外）チョンセ契約で一五〇〇万ウォン
来韓年度：一九九七年三月

ここが劇団の事務所ね。すごいでしょ。散らかってて。

ちょっとここら辺、わかりづらかったでしょう？　特に劇場探すのはね。みんな地下に入っちゃってるし、看板も大きくでてるわけじゃないから見つけづらいですよね。

ここ大学路（テハンノ）は演劇のメッカみたいに言われてるけど、もともとここに劇場が集中し

てたわけじゃなかったんですよね。始めは明洞（ミョンドン）。戦後間もない頃、日本の植民地時代に明洞で日本人街が形成されたとき国立劇場なんかもできてね。その後六〇年代から七〇年代ぐらいにかけては、新村（シンチョン）、梨大（イデ）、弘大（ホンデ）なんかの大学の周辺にいくつかの小劇場ができたの。ここ大学路は、ソウル大の跡地でしょ。ソウル大の移転後は市が中心になってこのトンネ（町）を文化の町にしようってことになって、八〇年代に文芸会館という大きな劇場が建ったのね。それからは、演劇協会も大学路にやってきたし、劇場も集まり始めちゃったの。今は普通の小劇場と、コメディーショー、たいしたこともないんだけど、女の子が裸ででてきちゃう演劇形式の「成人向け」なんて言われてるのまで含めると、四〇ぐらいの劇場が大学路にあると思う。その劇場がフル回転してるのに足りないくらいなんです。

私は韓国にくる前から、北海道でお芝居の関係の仕事をしていたんです。北海道って地方だからお芝居を見ると言っても簡単に見られないわけですよ。だから、東京とかで芝居を見てきて、北海道にもってくるという仕事をしていました。でも、もともと芝居好きだからという理由で始めた仕事じゃなくて、ギャラがよかったのと、午後からでていいっていう二つの条件でやってたから、仕事がしんどくなってきたのよね。その時芝居の仕事を始めて一〇年目くらいで、仕事も嫌になってたし、芝居を見てもつまらなかった。だから仕事を辞めようかどうしようか悩んでいる時に、たまたまこの劇団「木花（モクファ）」の芝居を見に行ったら、本当に面白かったのよ。当時八〇年代から九〇年代辺りは日本の演劇が非常に軽くなった時期で、韓国のパワフルで政治の匂いがする演劇ってすごく新鮮だったのよね。その時見たのは『父子有親　ブジャウジン』っていう歴史物。李朝を背景にしたお芝居で、宮廷の中なのに鉄パイプとブラインドの舞台、衣装も韓国のチマチョゴリなんだけど、伝統的なものじゃなくって現代の斬新なデザイン。伝統と現代のミックス具合っていうのが非常によかった。歴史ってほらっ、後から作られるものでしょ？「この人が悪い!!」なんていうのは後から作られるものでさ。でもそのお芝居は、個人に焦点を当てて、この人は王であり、夫であり、民に対してはよくなかったけど、結局いろんな葛藤の中でも息子や家族にとってはいい人だったのかも知れない…そんな内容だったの。それまで私の中で韓国のイメージって政治色が強くて、いっつもデモしてて、反日でって、暗いイメージしかなかったんですよね。それなのに「こういう多角的な見方ができる人がいるんだ」って思ったらすごく面白かった。その日彼らとは、「北海道で公演をしたいですね」なんて飲み話で終わったんだけど、結局は韓国に公演にでかけたり、彼らの公演を呼んだりで行ったりきたりが始まったの。

韓国でもやっぱりそうなんだけど、この劇団の代表・呉泰錫（オテソク）って人は特殊な人。いつまでもアバンギャルドっていうか、シンプルでありながらも非常にメッセージ性の強い人なんです。そんな人見たことなかった。だから彼の書いた戯曲を韓国語で読みたいと思って三ヶ月くらいの予定で韓国に留学しようと思ったんです。

韓国にきたのは九七年、九〇万円用意してきました。学費も含めて一ヶ月三〇万円だから、日本でもそんな生活ありえないでしょ。私三五歳で留学にきたから若い子みたいにそんな貧乏生活もできる年じゃないっていうか、それなりに旅行も買い物もしたかったんですよ。ところが、こっちにきて二ヶ月目

▲小さな古い一軒家を自分で改造、整えられた部屋からは女性らしさが溢れる

くらいに、『コリアンヘラルド』っていう英字新聞の会社にバイトが決まっちゃたの。そこは韓国の国際交流基金の日本語版の雑誌の下請けもやってて、私は日本語版の構成と編集を担当することになったんです。それが面白くなってきて、もうちょっと韓国にいたいって気になってきたのよ。バイトが見つかったら先が見えてくるでしょ。十分なお金があったとはいえ長く住むには足りないから、生活費はバイト代で学費は持ってきたお金で、一年半かけて語学学校を卒業したんです。でも、すごい大変でしたよ。今まであんな貧乏はしたことないっていうくらい。最初は時給計算で四〇〇〇ウォンくらい。当時は日本円にしても四〇〇円もいかなかったわよね。しかも二ヶ月毎にでる雑誌だから一回だしちゃうと次の一ヶ月は月の半分も仕事がないわけ。本がでるときは私が版下も全部作らなきゃいけなかったから徹夜もしたけど、それでも一ヶ月平均で四〇万ウォンから五〇万ウォンの収入だった。それが全部下宿代に消えていきましたね。そのアルバイ

トは雑誌がなくなるまで一年半くらいずっとしました。バイトがなくなるのとほぼ同じ頃、語学学校も卒業したんです。だから、お金もないし、学生ビザも切れるし、帰ろうかなって思っていたんです。でも、海外の公演にお金をだしたり、アートマネージメントの研修にお金をだしてくれていたセゾン文化財団に助成対象者の申請だけはしておいたの。まあ、それってある程度、東京で活躍してて、アメリカとかヨーロッパとか行く人が貰ってたし、まさか韓国で貰えるなんて思っていないから期待もしてなかったんだけど、これが当たっちゃったんですよ。宝くじみたいに。大学路のデータベースを作る一年間の研修生ということでね。一年間に一〇〇万円。貰えるものは貰わなきゃいけませんよね。だから、お金の問題は解決して、今度はビザの申請をすることにしたんです。だけど、大学の先生とかだったら大学の研修ビザをだせるんだけど、個人の研修にはビザをだしてもらえなかったのね。それでも一ヶ月半くらい粘り強く交渉して、一年間のビザを手に入れました。

ビザがでたのは、演劇協会に所属させてもらっていたし、この劇団の代表は韓国でもトップクラスの演出家だというのもあって、無下にできなかったんじゃないかと思います。ちょうど日本の音楽とか、映画の文化開放なんて騒いでた時期でもあったから。

その研修ビザが終わった時は正直、もうどうしようもないと思ってましたね。お金もない、ビザもない。ワーキングビザを取るのは難しい。しょうがないから帰ろうと思って、代表に相談したんです。そしたら、「今までお前にしてきたことは何だったんだ!!」って感じで強く言われて…。じゃあもうちょっとビザのことやってみようかなって思い直したんです。たまたまビザが切れる時にここの劇場がオープンしたんで、今度はこの劇場の運営職員ってことでビザを取ることにしたんです。でもそれも簡単なことじゃないですよ。ビザって日本人じゃなければできない仕事というのが条件でしょ。ワールドカップが目の前に迫ってて、文化交流も広がっていたから、ここで日本関係の文化交流のコーディネートをするって一生懸命説明したんだけどダメ。大学路の演劇関係の先生達の推薦状を貰って行ったけどダメって言われると意地になっちゃって何回も通ってね。持って行った推薦状がそれなりの人達のものだったから向こうも無視できないんですよ。

それで最後には「文化観光部の長官の推薦状を持って来たらビザをだす」というんです。日本でいったら文化科学庁長官の推薦状ですよ。そんな人お友達じゃないよっ。でも、しょうがないから一人でその足で文化観光部に行って事情を話したわけですよ。やっぱりそこも困ってるわけ。私が持って行った推薦状がそれなりで、演劇界を邪険に扱えないでしょ。検討しますということになったけど、しばらく連絡はなくって、二ヶ月くらい経ってあきらめた時にでたのよ、ビザが。それからはここの職員ということでずっと仕事ができるようになったんです。

運がよかったと思います。金大中政権に変わって、ワールドカップも目の前で日本文化に積極的に取り組もうという時だったから。今考えると無鉄砲だよね。今やれって言われてもできないもん。でもその時三〇代の後半で、日本に帰っても新しく職場を探してそれなりのキャリアを生かした仕事をしようと思うと本当に難しいことはわかってたし、せっかくきたんだから何かして帰らなきゃいけないって思いがあったんですよね。

ビザがでてからは日韓の舞台コーディネートが殆どでした。日韓合作の作品っていうのが随分増えて、相手の趣旨に合わせて演出家、俳優を含めてワンセットで準備をするとかね。日本に同行して稽古から全部付き合ったりするんです。後は、日韓どちらかで、フェスティバルがあれば、その性格にあった劇団を探すとか。毎月二回は日本に出張、多いときには三回という時もありました。
コーディネートの仕事は楽しいとは思わないけど、人に会うのが楽しいんです。韓国人に会うから韓国社会が見えてくる、韓国人が見えてくる。韓国にくる前の暗いイメージが払拭されていく面白さってあるよね。ある時から韓国人とか日本人とかって区分もなくなってくる。相手もそうなってくるんだよね。個人を知っていく面白さとその人達のエネルギーで今までどうにかきてるって感じですよ。

「ヨブセヨ。イェ〜。…ネーシカジカルッケヨ（もしもし。はい…四時までに行きますから）」

本当は今日暇なはずだったんだけど。地方公演が三日前に急にキャンセルになって。その打ち合わせで四時までに行かなくちゃいけないんです。韓国っていつもスケジュールがごちゃごちゃしてすごいストレス。瞬間、瞬間には大騒ぎをして愚痴を言ってますよ。女だってこととか、日本人だってことでナメられるし、ギャランティーは入ってこなかったりするし、ギリギリの線までは守るけど、あきらめなきゃいけないこともあるしね。文化的な差があるからぶち当たることも多い。だけど今はわかってるから避けることができるでしょ。それに決定的なこともなかったと思う。大きな苦労はしてないと思うよ。ストレスを与える人がいる反面、私を守ってくれる人が非常に多いってことですよ。劇団員もそうだし、先生もそうだし、彼らは何かあった時に私をガッチリ守るもん。それはね、すごく居心地がいいことだよ。最近、私の所に日本人の若い子達がくるんですよ。私みたいな仕事したいって。でも難しい、簡単じゃないと思う。威張ってるわけじゃないけど、これは運と人との出会い。人とどうやって出会っていくかってことが上手くできた時、自分の能力以上の仕事ができるわけですよ。私なんかもここで人に会ったことで今、能力以上の仕事をやってますからね。

韓国にきて六年半。もうそろそろ帰らないとって思ってるんですけど、無理ですよね。まだ仕事が形になってないもん。韓国にきた時、呉　泰錫の戯曲を読みたいっていうのがあったでしょ。今は翻訳という事も考えているんですけど、彼の戯曲には独特のユーモアセンスとか言葉遊びとかがあるから、そのまま訳しちゃうと何を言ってるかわかんなくなるし、つまんなくなっちゃうっていう難しさがあるんですよ。それから日本には韓国現代劇の本がないので、それを出版するなり形にするのが次の段階かなって。実際は今の仕事が忙しくて十分な時間が作れないんです。

今、うちの代表が六五歳なんですよ。あと仕事ができたとしても長くて五年。私には父親以上の大きな存在の人だから、晩年の彼とこうやって出会って、彼が仕事をしている間はとりあえず最後まで付き合おうかなって思ってます。

あっ、もう三時半ですね。行かなくちゃ。一緒にでましょう。

4 陶器店経営
平井恵三
Hirai Keizo

韓国版夫婦ぜんざい。喧嘩しながら、漫才しながらやってます

生年月日：一九四六年二月二八日
出身地：大阪府
学歴：桃山学院大学　経済学部卒業
職業：焼き物販売
労働条件：営業時間九：三〇〜二二：〇〇、休：第一、三日曜日
住まい：ソウル市内のアパートに奥さんと二人暮らし
来韓年度：一九九二年四月

最初に韓国にきたのは三〇年前、二五歳の時、貿易の仕事をしてまして、出張できてたんです。その頃の私の部下、インド人だったんですけど、彼が独立して韓国に事務所を持つことになり、「事務所がオープンしたから、見にきてくださぃ」ということで、知り合いと一緒に韓国にきたんですね。で、まあなんかお土産になる焼き物を探そうと入ったお店がこの店です。その次の日が、部下の事務所のお披露目パーティーでしてね。取

引先の営業マンなんかもたくさんくることになってましたから、私がその人達を空港に迎えに行くことになったんです。そして迎えに行ったら、横に焼き物売ってた彼女がいたんですね。彼女の顔も覚えていて「どうしたんですか?」って聞いたら、彼女はお姉さんがロサンジェルスから帰ってくるってことで迎えにきてたんです。

そんなことで名刺を渡して話してたら、彼女が近いうちKOTRA(大韓貿易投資振興公社)の主催で日本に韓国の物産を紹介するためにくるっていうもんやから。

「じゃあ、大阪にこられたらどうぞ寄ってください」なんて言ってたんですよ。日本人っていうのはまあ、口だけですよね、「またきなさい」って。でも彼女は昔から日本が好きだったんですね。日本人の言うことは間違いない。日本の人は約束守るから、自分も連絡しないとだめだと思ってたみたいです。日本人まあ、それから僕が韓国の仕事の時は彼女に通訳をたのんだり、彼女が日本で仕事をする時には助けてあげたりと仕事の関係が始まるんです。

彼女とは仕事の付き合いがずーっと続くんですが、結婚することになってそれで韓国にくることになったんです。韓国人にとって、特に彼女にとっては日本が住みにくいらしいんですよね。湿気がある。家が狭い。暑い。キムチがないって。冬場は寒い寒いって言うし、夏場はエアコンがだめだって言うし、じゃあ男が動くほうが早いかなって思って。僕も出張で韓国にきてたから、キムチも美味しいし、焼肉も美味しいし、別に住むことには抵抗がなかったんですけど、それが長くなってくると「それ以外にないのか」と今は食べ物には不自由してますね。僕は関西ですからね、やっぱり食べ物にはうるさい方で。

ここにきたばっかりの頃は、ほんまは他の貿易の商売やろうと思ってたんですけどね。ちょうどここが*ＩＭＦになったでしょ。だからちょっと様子見ようかってことでこの店を手伝うようになったんです。そのうちに向かいにもう一つの店もオープンしたしね。向かいは翡翠《ひすい》、宝石、螺鈿《らでん》なんかを置いてるんですけど、彼女が向かい、私がこっちという感じで商売することになったんです。

でも、最初は焼き物のことは正直、何もわからなかったんですよ。貿易の仕事でやってたんは車の部品とかでしたから。窯元に行って勉強しました。焼き物ってシンプルでしょ。でもいろんな形があってね。焼き物は女性の体の線。その中にはアガシ（おじょうさん）もいれば、アジュンマ（おばちゃん）もいるんです。これはアジョシ（おじさん）じゃないんですよね。同じ壺でも丸いのもあるし、ぐにゃっと曲がったんもあるし。焼き物って一つ一つばらばらで面白いんですよね。日本の瀬戸物は全部セットになっていますよね。セットというのは揃っていてきれいだけど、非常に冷たいです。飲み屋のお姉ちゃんでもきれいなお姉ちゃんがおったら「ああ、ええなぁ」って思って行くけど、毎日毎日行っていたら飽きるでしょ。ちょっとゆがんだ方が味があっていいんですわ。

前にものすごく歪《いびつ》で好きなんがあったんです。「絶対に売らない」って言ってたのに、家内が売ってしまったんです。商売としてはね、自分がいいなあって思うものを他の人が欲しいって言ってもらえたら嬉しいっていうのもありますし、お嫁にやって寂しくなるって感じもあるんですよ。もちろん商売やから儲からなあかんのですけど、それだけじゃあこの商売やっていけないんです。

それにね、ここにいたらいろんな人に会えるでしょ。韓国人、日本人含めて焼き物を通じていろんな人が訪ねて来てくれ、話をしてってくれる。それが僕の財産でもあるんです。

▲商店街でも有名なおしどり夫婦。味な2人の関係はまるで焼き物のよう

この商売は今は難しいですね。焼き物って商品が寝たままで回転悪いでしょ。儲けようと思ったら難しいです。それに今時代も変わって焼き物を好きな人が減ってると思います。昔だったら僕らくらいの年代だったら、焼き物とか好きな人多かったじゃないですか。でも今四〇、五〇代のおっちゃんたちがブランドものに走るやん。ブランド持ってちゃらちゃら喜んでるし、そんなんが全然違うからね。焼き物を楽しむなんて時代は終わったから、そうやね、昔は気持ちに余裕があったんかな。

今は韓国の会社もお土産をする人減ってきてますよね。若い次の世代の経営者たちは、アメリカやヨーロッパやとそんなことばかり考える。IT時代ですからね。日本人から見たら、陶器は立派な韓国の文化なんだけど。日本は同じ単価のものであっても高いでしょ。桁が違いますよ。それは何故かっていったら、作る人、売る人、買う人、これが三位一体になってなあかんからですよ。日本は真ん中の売る人、デパートなんかが演出をきちっとやるわけです。価値を高く上げるんです。買う人もそれを納得して買うんです。それがないと価値が上がらない。でも韓国にはそれがない。焼き物が育っていく土壌がないんですよね。だから、韓国では作家も、売る人も大変ですよ。

仕事の上でのストレスはね、韓国人、言っても聞かないじゃないですか。品物仕入れた時、B級品が混ざってたりするんですよね。そんなもん返品せなあかんのに、工場からだす時に平気で仲買人が持ってくるんです。われわれが窯元に頼んで焼かせたものは問題ないんですけど、安い商品は平気でそんな持ってきますからね。それと、もう一つ同じ物をあちこちの店に置くの。それをやられると値段下がるんです。全部置いたら自分の売り上げになるから全部置くわけ。例えばお土産もん売ってるところにもこういう焼き物置くしね。われわれ専門でやってるわけでしょ、そんな節操ないことするなって言うんですけど、改善ないわね。目先のことだけ考えて商売してるから、作家も食べていけないし、売る方も商売にならないしね。

僕ははっきり言う方やし、韓国の人もはっきり言う方やし、向いているといえば向いてると思う。ただ、僕が韓国で働くのは彼女がいるからですよ。彼女がいなかったら韓国に住む理由はないね。

僕、父親が死んでるんでね、母親が一人で居たわけですけど、その母親が倒れてボケが入ってきたんですよね。それで仏壇をどうするかっていう時に、僕は長男やからということで位牌と過去帳を持ってきたんです。そしたら彼女はクリスチャンなのに、ご飯を上げて、お線香とろうそく立てて、それを毎日やってくれてるんですよね。本来クリスチャンはそういうこと絶対やらないらしいですよ。仕事のことをするにも、家庭のことをするにしても何するにしても彼女は、「何もそこまでせんでも」ってところまで一生懸命してますからね。努力家でプライドも高い。ただプライドが高いだけじゃなくって守らなあかんことはきちっと守る。昔から彼女によく言ってたんですけど、韓国代表ナショナルチームの団長みたいな感じやねって。神経も常に使っているのがわかるんですよ。背中に「大極旗」張って歩いているみたいにね。彼女は全てにおいて一〇〇点満点です。こんな人がね、この国にもう何人かいたら韓国はもっとすばらしい国になると思いますよ。まあ、僕が言ったらのろけになるんでしょうけど。

夫婦のことは当人同士にしかわからないですよ。相手のことを褒めることができて、ずーっと一緒にいたいという人にめぐり合わないと不幸ですよね。今、日本だったら家庭内別居とかあるでしょ。僕からしたら、そしたら何で一緒になってんのって聞きたいですよね。ここ、韓国の場合は変な話じゃなくって、必ず夫婦は一緒の布団で寝るんですよ。日本は別々のところも多いでしょ。お互い一緒に寝てたら肌が触れ合うでしょ。傍に居るから安心するわけです。親が子供にいつでも頭をなでたりして寝るでしょう。あれと同じことなんでね。肌なりそういう触れ合いがないと、別々になってしまうし、勝手なことをしてしまう。そう思います。でまあ、言うたらあれですけど、一緒にずっと居りたいですからね。だから日本に付いてきてくれるって言ったら嬉しいですけど、それができなかったらここに居るしかないでしょう。女の力って凄いね〜。男っていい加減やね。これは何なんでしょうね（笑）。一緒になった頃は「大事にしてあげな、守ってあげな」って思ってましたけど。今はそれが段々反対になってきてますわ。

＊九七年、経済危機でＩＭＦから支援を受けた。インフォメーションページ・経済Ｐ１０８参照。

5 TVディレクター

山岸由佳

Yamagishi Yuka

自分探し？　国際結婚？ヤワな海外生活は絶対にイヤ!!

生年月日：一九七三年九月二八日
出身地：北海道
学歴：東京外国語大学　東南アジア語学科カンボジア語卒業
職業：テレビメディアのディレクター、コーディネーター
労働条件：月給一五〇万ウォン（未払いの月もあり）、休みはほとんどなし
住まい：ソウル市内のビラでルームメート〈韓国人男性〉と二人でシェア。月二五万ウォン程度（家賃二〇万ウォン＋光熱費）
生活費：家賃も含め一〇〇万ウォンで生活
来韓年度：二〇〇一年二月

お化粧はしないんですよ。髪をとかす時間もなくって。もう番組の納品の前は徹夜の連続。大体平均三日近く徹夜みたいな状態になりますよ。

今、担当してるのは『Movie Movie Seoul』って日本のスカパーで隔週で放送されている韓国映画情報番組。隔週とは言え納品前は全く余裕がないんです。だって韓国発の韓国映画情報番組でしょ。日本で制作しているものとは違い「臨場感をだせる」、「リアルタイムでホットな情報をだせる」

というのが最大の魅力ですから、情報もギリギリまで待って一番旬のものをだしてます。

これは本当に難しいけど、韓国映画初心者の人も、韓国映画通の人も満足させられる内容にしたいと思ってやってますからね。もちろん、日本未公開の最新映画の情報も盛り込んでますから、日本の配給会社の人も反応してくれればと思ってます。まだスタートしたばかりの番組なんですが、映画業界の人も必ず『Movie Movie Seoul』をチェックするようになって、韓国映画情報はうちの番組から盗むというくらいになっていきたいですよ。だって現地から日本人が日本向けにきめ細かく作ってる番組なんて、うちの番組以外ありませんから。一生懸命番組作りをやっていったら、それは夢じゃないと思うんです。

一時期、日本の映画ファンが香港映画に注目してたのが、今韓国に移ってきてるんじゃないかなぁって感じがするんですよ。まあ、日本で公開されてる韓国映画はどうしてもアクション映画で、そんなイメージが強いんですけど。アクション以外にも面白い映画がたくさんあるんです。

例えばコメディー。日本人でコメディーを上手に作る監督さんは凄く少ないですよね。その点、韓国映画は単純なんだけど、すごく笑えるものが多くって。日本で映画っていうと芸術性に走るっていうか、アートなものを求める傾向があるから、純粋にエンターテイメントとしての映画を作るのが難しいのかもしれません。韓国映画の場合はそういう概念がないから、テレビのコメディー番組の感覚で笑いを提供する作品が多くて、日本にないタイプのエンターテイメント映画が楽しめるんです。くだらないけど底抜けに楽しい韓国コメディーは日本人が見ても笑えます。

それから、韓国映画といえばラブストーリーも独特ですね。ラブストーリーは「あなたが好きなのよ!!」って泣いて叫んで、転んで、雨に打たれて待ちわびて、恋人が死んで、墓の前に立ち尽くす…って感じで凄く臭いんです。でもその臭さは日本人は恥ずかしくて作れないだけだと思いますよ。そういう臭い内容でも、人が持ってる素直な感情だから泣けるし、ダイレクトに響いてくるんですよね。私はそういうところに韓国映画の魅力を感じますよ。

まだ知られてないけどいい映画を紹介していきたいと思って番組作りしてるんです。ただ、うちの番組、日本人スタッフが私一人なんですよ。通常のディレクター業務に加えて、翻訳とか字幕付けまで入ってくるでしょ。もう編集機の前に座りっぱなしで、年頃の娘らしく身奇麗にするヒマなんてないんです。

日本でもディレクターをやってました。二年ほど映画番組をやり、当時は『シュリ』が日本で当たっていたころで単独インタビューをさせてもらったんですね。それ以降、韓国映画の監督さんのインタビューなんかを担当するようになって、釜山（プサン）映画祭にも取材に行きました。

当時は言葉ができないので通訳を通してインタビューしたんですけど、韓国語ってね、リズムで何を言ってるのかわかるんですよ。いいことを言っているとか、悪いことを言ってるとか、嬉しいとか悲しいとか、わかったんですよね。そういうのを経験して「あっ、韓国語をしゃべりたいな」なんて思って、一年のワーキングホリデービザで韓国にきました。

まずはじめは語学学校に通いました。一級、二級の六ヶ月間。学校に行ってみて思ったんですけど、基礎会話以上の学力は本人の努力次第なんですね。もちろん学校を続けるお金もありませんでしたけど、六ヶ月で学校に通うのを止めてマツタケを扱う貿易会社でアルバイトを始めたんです。社長は日本語ペ

▲スタッフ打ち合わせ、堂々たる韓国語で渡り合う。肌荒れだって勲章だ

ラペラなんですけど、スタッフとは全部韓国語でのやり取り。働くにはまだ厳しい語学力だったんですが、そこで社会生活が可能な程度の語学力を身につけました。ただ、つまらなかったんですよ。マツタケにも貿易にも興味がないし、言い方は悪いんですけど、言葉の勉強のために利用させてもらったって感じですよね。

そんな時、今の会社で人を探しているっていうのを友達から聞きました。日本向けの番組制作、日韓の広告代理店、日本からきた撮影の現地コーディネートなどを主な業務にしてるんです。ちょうどそのころ日本で放送する韓国映画番組を立ち上げるっていう話もあったし。

六ヶ月間の語学学校、三ヶ月間の貿易会社でアルバイト、ビザの残りは三ヶ月。正直迷いましたけど、腹を括って韓国生活をしようかなと思いました。多分私が扱いたい商品は情報、マスコミなんでしょうね。みんなが知りたい情報を一番先に知って、外国語を使って右から左に持っていく、これが楽しいんでしょうね。マツタケじゃないんですよ。語学を使った仕事でも好きなジャンルじゃないと面白くないんです。

会社に入ってから、番組立ち上げまではむちゃくちゃでした。予算を組んだり、スタッフを募集したり、企画立てたり、構成を考えたり。時間ができた時はビデオを借りたり、映画館に行ったり、自分の中に韓国映画の情報を蓄積する時間としても使ってましたし、準備期間の六ヶ月はあわただしかったです。でも自分が直接韓国映画界に乗り込んだことが楽しいんです。

実際にディレクター業務をやってみると、今度はセンスの違いに戸惑いました。韓国のテレビ制作は日本と違ってどんな小さな番組でもディレクターと構成作家が組んで番組を作って行くんですよ。一番大変なのは、韓国映画を韓国人ほど知らないディレクターと日本の放送を知らない韓国人作家が一緒に番組を作るってことですよ。役割分担がうまくいかないし、韓国人が面白いと思うもの、日本人が面白いと思うものの違いを語学力不足で正確に伝えられなかったり、制作意図が十分に反映されなかったりして。作家さんとは十分に話し込んで行かないといけないし、話し込みたいんですけど、韓国人ってせっかちで早口じゃないですか。ゆっくり話も聞いてくれない。

今スタッフの七人の中で日本人が私一人。私が韓国式にならないとだめだと思いました。いくら日本で放送すると言っても、ごり押ししたところで何の解決にもならない。韓国で仕事するって怒ったらだめなんです。時間にはルーズだし、自分の主張は強いし、企画性がないし、あらかじめの準備は足りないし、でも、それで成り立っているんですよね。韓国って。

無理なく笑い飛ばせないとだめなんです。なるべく韓国的な感覚を活かした番組にして行きたいし、その中で日本では受け入れられないと思うものをしっかり説明してわかってもらう。そこを調整して情報管理していくのが私の仕事だと思ってるんですよ。まだ、韓国映画を知らない日本の視聴者に基礎知識を含めた親切な番組が作れるように。

早くこの番組が認知されて、韓国の監督さんや俳優がぜひ出演したいという番組にして行きたいです。あと、韓国語を上達させて、映画業界のこともっと知って俳優さんの豊かな表情を引き出せるインタビューを自分が直接したいですね。

テレビの仕事をしていていつも「文化祭前の一週間」みたいな感じがするんですよね。いつも仕込みばかりしてて。文化祭の前の高校生ってなんかテンション高いじゃないですか。そのテンションの高さは面白いですよね。結構究極の部分に自分を追い込んで楽しんでるっていうマゾ的な部分はあるでしょうね。ただでさえこんな世界なのにそれを外国でやっちゃうっていうのは楽しいです。

以前ニューヨークに行ったことがあるんです。飛び込みで映画の現場に入って、お金ももらわずに、下っ端してたんです。そのまま住み着く予定だったんですけど、そこは自分が憧れてたニューヨークじゃなくて「なんだ東京と同じじゃん」って思って、住み着く魅力を感じなかったんですよ。そのニューヨークに比べて韓国には住み着きたい魅力があったんですよね。

今住んでるところは、韓国人の男性と二人でシェアしてます。彼はあくまでもルームメートで恋人じゃないんです。ルームメートが居た方が、経済的にも負担がないし、せっかく韓国で生活してるのに、韓国人の生の韓国語二四時間聞いていないと損じゃないですか。

まあ、男性のルームメートとシェアするっていうのは韓国人の人にもかなり驚かれたし、反対もされましたけどね。もちろん私もかなり慎重に安全な人かどうか見極めましたよ。私が男性のルームメートを選ぶのはそれなりの理由がありますから。韓国人って基本的に人懐っこいから、女の子のルームメートだと、「どこに行ってたの?」とか「何してるの?」とか「どうして遅くなったの?」とかいつも聞かれちゃうんです。それに、韓国男性って徴兵制があるからみんな軍隊に行ってるでしょ。集団生活に慣れてて、片付け物とかもきっちりとやってくれるんです。

ルームメートは今まで四人変わりましたが、みんな同世代くらいで、遅くまで仕事をして帰ってきたり、ステップアップのために就職活動したり、彼らの頑張りを間近で見て「私も頑張ろう」って思いましたね。ソウルの街を見てもそうです。まだ、ソウルはできあがった街じゃない。みんなでがんばって作って行こうって感じの所でしょ。ニューヨークも東京もできあがった都市でみんなが車輪の一つ。でも韓国は自分で車輪を回せる魅力があるんです。「今自分が動かしてるぞ」っていう実感ですよね。やっぱり「文化祭前の一週間」を生活の中でも仕事の中でもずーっとやって行きたいんでしょうね。

最終目標は韓国語を使って日本でしっかり仕事ができるようになることで、あと五年や一〇年はがんばるつもりです。正直言って年齢も気になりますけど、三五歳になったときの自分を考えて私は韓国の生活を選びました。自信が持てると思います。韓国語も韓国映画も自分の専門として、残り三〇年、四〇年仕事をしていく人間としての強みを今、作っているところです。

6 美容院経営
高橋和也
Takahashi Kazuya

まずは出来ることは何か!!
いつだってそれが入り口

生年月日：一九六八年八月一五日
出身地：京都府
学歴：京都府立の高校卒業後、美容師専門学校卒業
職業：美容室「アッシュドゥー」経営
労働条件：勤務時間は未定で、半年間は役員報酬を受け取らない予定
住まい：軌道に乗るまでは安宿暮らし
来韓年度：二〇〇三年六月

僕が最初に韓国にきたんは三年前。会社の慰安旅行できたんですけど、職業柄ヘアスタイルに目が行きますやん。そしたら、メッシュとかカラーの感じとかが「ちょうど日本で六、七年前に流行っていたスタイルやなぁ」って思って見てたんです。

韓国のスタイルが遅れている理由はね、美容界の仕組みが古いこと。日本の十何年前みたいに大御所が仕切ってたりとか、師弟関係が厳しくって若い子の活躍の場がなかったりするからね。あと、もう一つは美容学校のシステム。日本だったら二年間美容学校に行って国家試験の受験資格が与えられるんですけど、韓国は大学の中に美容科みたいのがあって三ヶ月で終了とかね。民間の学校でも三ヶ月で終了のところもあったら、一年で終了のところもあったりしてバラバラなんですわ。日本の課程を学んだ美容師さんにしたらアマチュアみたいなもんです。最初があやふやだから、きちっとした技術が身に付かないんです。

そんなふうやから、韓国の美容院の経営者の人達はしょっちゅう日本に勉強にきてはるんですわ。インテリアを真似にきたり、技術の講習を受けにきはったりとか。反対に僕もこちらで講師としてセミナーなんかもしてたんですけどね。でもそれってお金持ってる経営者の人達ができることですやん。韓国の若い美容師さん達はすごく学びの姿勢があるのに、雑誌なんかの写真見て勉強してるんですよね。

僕が最初に韓国にきた時は、街歩いてる女の人達や、韓国で働いてる美容師さんに、「もうちょっとこうしたらよくなりますよ」って教えてあげたいななんて思っていたんですけどね。ちょっと待てよ。「技術を教えるよりここに店出したほうが早いやん」。「韓国に店出したろ」って思うようになったんですわ。

それから二年半、ようやく今月オープンです。日本からくる美容師が二名。韓国人のカットの技術がある人が二名。アシスタントが四名。通訳できる受付の人が二名。総勢一〇人でスタートします。

韓国進出を決めてからは言葉のこと、スタッフのこと、資金のこととか一生懸命調べました。まずは韓国で会社を作らなあかんでしょ。そやからインターネットで情報探したんですわ。そしたら、KOTRA*（大韓貿易投資振興公社）っていうのを見つけたんです。KOTRAはね、韓国政府が日本企業誘致のために作った協会で、僕みたいに韓国で起業したい人を助けてくれるんですわ。

まず、韓国で株式会社の設立をするには五〇〇万円のお金が必要なんです。その五〇〇万円で外国人投資申告をします。これは、韓国側に支店がある銀行だったらどこでもいいんですけど、その銀行から「ちゃんとお金を預かってますよ」っていう証明をもらわなあかんのです。

その外国人投資の証明を持って初めて事業者登録ができますからね。そして、その事業者登録で外国人起業家だって資格を受けることができるんです。大変そうでしょ。でも、実際に僕が動いたんは銀行のお金の送金とその証明を貰うまで。後の手続きはそのＫＯＴＲＡがやってくれたんですよ。

会社を作る流れは日本での株式会社の設立とあまり変わらないんですけど、日本でやったって、書類の手続きって大変やから、少々お金が掛かったって労務士さんに頼みますやん。その労務士さんがやってくれるようなことをＫＯＴＲＡがタダでやってくれたんです。えらい親切でね。書類の翻訳からビザの説明まで喜んでしてくれましたわ。本当は半導体の会社とか大きな工場とか誘致してる組織みたいなんですけどね、僕みたいな美容室レベルで訪ねてきたんは初めてやっておもしろがってくれてね。日本から韓国で起業しようと思ったらあそこに聞くのが一番ですよ。

そんな感じやから会社の手続きはスムーズで、次は場所探しやよね。僕はとにかく絶対数が多い若者の町、明洞（ミョンドン）に店をだすことにしたんですけど、できるだけ最小限の予算で行こうとあちこち調べました。今度オープンする店は三八坪。鏡が一〇面くらい置ける広さです。ちょうど、この物件、前に商売してはった人も美容院で改装費も安く済むんですわ。

開店資金ですか？　大体日本で店だすんと同じくらいでした。韓国っていう所はね、前に同じ場所で

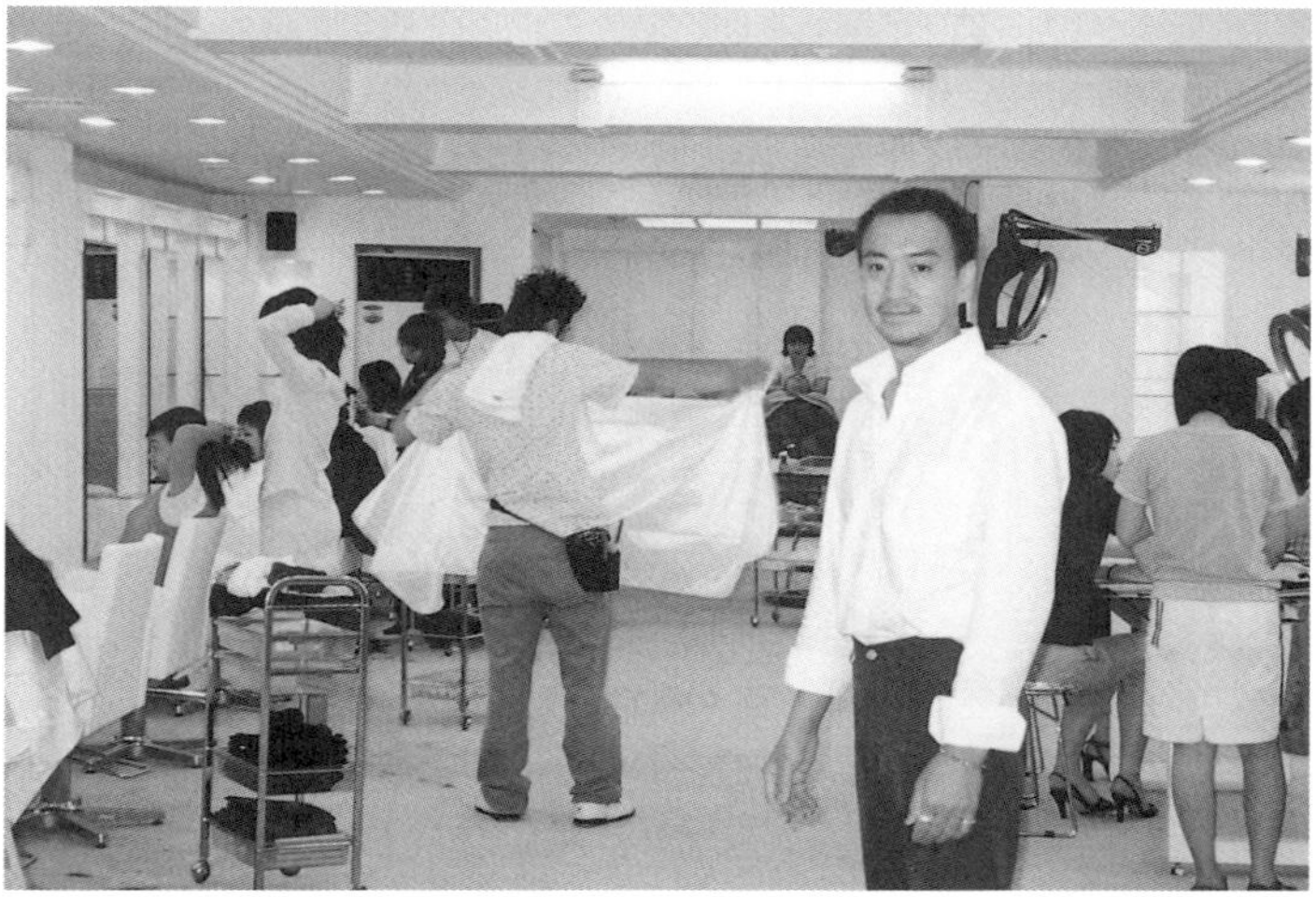
▲連日予約客で賑わうサロン。ソウルっ子のおしゃれ心をガッチリ摑む

商売してた人から商売の権利を買わなあかんのですよ。この権利金いうのは不思議なもんで、次の人に店を譲る時に、繁盛してたらいい値付けられるし、あかんかったら安くせなあかんのですわ。僕の場合は七五〇万円。まあまあですわ。

それから、権利金とは別に今度はテナントの大家さんに家賃を納めなあきません。これは頭金が四五〇万円で、月二八万円から三〇万円の間。これで一二〇〇万円くらいでしょ。後は改装費やら何やらで、二〇〇〇万円というわけですわ。

ここ明洞ってとこはね、ソウルでも土地の値段が高いとこやから、日本と同じ位で準備できたっていうのは安い方やと思いますよ。この金額は明洞で他の商売してはる人に比べても安い方じゃないでしょうか。

だけどただ一つ、今、僕が突破せなあかん問題があるんですわ。美容師免許の問題。うちの美容師は日本人やから、当然、美容師免許も日本のものですわな。それが韓国で通用するんかなぁって問題が起こって。

これはKOTRAに訊いても誰に訊いてもわからんのですわ。今までそんなこと訊いてくる人がいなかったから。そやから、日本からの美容師はしばらくは技術指導者って立場で韓国に入るんですけど。これぱっかりは日本で言うたら厚生省レベルの問題やからね。すぐに法律ができるとは思えないし。

幸い今回のスタッフは韓国に行ってみたいっていう美容師の子で、もともと韓国語を勉強してたんです。読み書きは何とかできるみたいやしね、こっちの国家試験受けてもらってベストの状態にしたいと思ってるんです。まあ、韓国語が難しかったら、通訳付きで試験を受けさせてもらえるように交渉してみるなんてことも考えてますけどね。こんなん前例ないし、決まりもないから、やってみなきゃわからないでしょ。国家試験のレベルは日本より簡単みたいですから、可能性はあると思うんですよ。

僕ね、韓国進出を決めた二年半前から、韓国の人ともたくさん話をしてきたんです。大阪にカラー剤とかパーマ液を扱ってる、ルベールコスメティックスっていう会社があるんですけど、その会社がルベールコリアって関連会社も持っててね。そこに韓国人の韓（ハン）さんっていう人が居てはるんですわ。今は結婚式にも呼ばれたりするくらいの仲なんですけど、その人が随分親身になってくれはってね。いろいろ話を聞かせてもらったし、韓国の美容関係の人なんかも紹介してもらったんです。そしたら、その韓さんの奥さんが、

「直接お金が絡んでるわけでもないのにどうしてそんなに高橋さんを助けてあげるの？」

って聞いたらしいんです。そした韓さんが、

「高橋さんの韓国での一号店やから、どうしても成功するように手伝ってあげたい」

って奥さんに言ってくれたらしいですわ。その話聞いたときに、韓国人の性格がわかったというか。韓国人ってビジネスに関係なくても信用したらとことん付き合ってくれますよね。「ああ、この人は絶対裏切れんな」って心から思いましたよ。

始めは正直言って、韓国をナメすぎてたと思いますわ。美容にしたって何にしたって日本より遅れているじゃないですか。なんか日本がとっても優れているような気がして優越感を持って韓国に接してたと思うんです。でもね。進出決めてからは、三週間に一回のペースで韓国に通ったでしょ。いろんな人と会って、韓国の食べ物食べて行くうちにね、「文化が違う」ってことにようやく気付いたんです。「この人達はここで育ってきたんやからこれが普通なんや」って。そしたら、いいところ一杯見てぁげなあかんって思い始めて、どんどん、どんどん韓国が好きになったんです。自分の中でも「半分くらい韓国人になったんやないかなぁ」って思った時に、「この店しっかりとやって行ける」そんな気持ちになれたんです。

韓国は日本人が美容院をするのに一番難しい国だと思います。他のアジアの国に比べて物価が安いわけでもない。店をだすのかって日本と同じです。いままで日本の美容院がなかったっていうのもそれなりの理由があったと思いますよ。

正直言うと、まだどうなるかわかりません。当たったらめっちゃいける店になると思うし、あかんかったら、全くダメ。そんな気もします。でも日本のカットの技術って「同じ物を作れ」って言ったら、世界一なんですよ。それに時間も正確で速い。もちろん技術で言ったらフランスなんかもいいけど、質感をだすためにああやこうや言いながら、一人のお客さんに何時間もかけてますからね。そんなんお客さんの単価から考えたら経営者としてはたまりませんよ。その点、日本は違う。時間が正確やから、他のお客さんも待たなくていいし、スタッフも時間が読めるから、お昼も食べれるし、休み時間も取れる。そしたらサービスだって向上するし、繁盛店にもなれるんです。

この日本のシステムは韓国でイケると信じてます。僕はね、韓国の店を繁盛店にするのだけが目標じゃないんですよ。店が繁盛したら、そこで働きたいっていう美容師さんも増えるでしょ。そしたら、アカデミーも作って技術を教えてあげたいって思ってるんです。そして美容師さんの人材派遣会社を作って腕のいい美容師さんにソウル中で働いてもらいたいんです。今回のお店はその夢の第一発目です。

まだ、誰にも知られていない日本の美容院だからマーケティングの難しさがある。最初のイベントはミリオレのファッションビルの前でヘアーショーを思いっきりかっこよくやろうかなって思ってます。まずは、韓国の人を驚かせてやろうってね。

僕は「普通」ってことを考えないんです。だって「普通」にしてたら、新しいこと何にもできないじゃないですか。先の不安は考えません。今日を一生懸命やっていくつもりで。だって日本から韓国に進出する第一号の美容室ですよ。嬉しいですやん。気持ちいいですよ。

＊詳しくはインフォメーションページ・仕事を探す③韓国で起業するP50を参照。

7 旅行会社勤務
塚越智恵美

Tsukakoshi Chiemi

ずうずうしさも、ルーズさも愛すべきものに見えてきた

生年月日：一九七二年八月四日
出身地：東京都
学歴：東海大学 文学部文明学科アジア専攻卒業
職業：旅行会社勤務
労働条件：月給八〇万ウォン前後。勤務時間九：〇〇～一八：〇〇（月～金）九：〇〇～一四：〇〇（土）
住まい：ソウル市内の下宿（バス、トイレ共同で食事二食付）
家賃四五万ウォン
生活費：八〇万ウォン
来韓年度：一回目一九九八年四月、二回目二〇〇一年一〇月

韓国への入り口がよかったと思いますよ。私の場合。韓国を知るきっかけが韓国人の友達ができたことでしたから。

大学ではイスラエルについて専攻してたんです。私が大学をでた年は超氷河期なんて言われてた年で、就職がまったくなかった。日本にはイスラエルの資料なんて殆どありませんから、見学も兼ねて、一年間遊ぶつもりでイスラエルにボラン

ティアに行こうと思ったんです。イスラエルでの私の仕事はキブツ（ユダヤ移民の世俗派による農業共同体）という組織の中での障害者のお世話で、そこで韓国人の友達と出会ったんです。韓国ってキリスト教徒が多いでしょ、だからボランティアにきてる韓国人も多くて。日本人なんて一人もいませんでしたから、お互い共通の言語は片言の英語なんだけど、下手な英語で会話をするのがもどかしくなって、韓国語を少しだけ教えてもらうようになって、少しずつ韓国語に興味を持ち始めたんです。

イスラエルから帰ってきてからは、アルバイトをしてお金を貯めて、韓国に一回目の留学をしました。九ヶ月程、語学学校に通って日本に帰国したんです。帰国後は何とか韓国語を活かした仕事に就きたくて韓国系の航空会社、アシアナ航空に勤めたんです。そこは支店長が日本人で全く韓国語がわからなかったから、私が韓国語の処理全般をするようになったんです。

でも留学経験があるとはいえ、九ヶ月でしょ。韓国語を全くわからなかった人が少ししゃべれるようになったくらいの実力だから、まだまだ全然だめだなって痛感して、もう一度韓国語を勉強したいと思い始めたんです。仕事に行き詰まりみたいなもの感じてましたし、三年勤めたのを区切りとして、二回目の留学を決めました。

二回目の留学は以前にいた下宿にまたお世話になることにしたし、言葉もある程度はしゃべれたし、かろうじて以前留学していた時の友達もいたりで、一番最初に比べると、それ程苦労はなかったんですけどね。やっぱり下宿はプライベートな時間が全くないし。食事は早く行かないとなくなってたり、大変ですね。でも気楽に語学学校に通いました。

語学学校を卒業してからは日本に帰る予定だったんですけどね、韓国の友達から韓国語ができる日本人を探してるって話がきたんです。私は一回目の留学の時も二回目の時も語学学校しか知らなかったし、韓国の社会を知る上でもいい機会だと思って、アルバイトとして日本を専門にしている旅行会社に軽い気持ちで入ったんです。アルバイトの間はツアーの日程表を翻訳したり、日本のホテルや交通機関の手配なんかを担当してました。うちの会社は韓国人の団体を日本に送り込むのを専門にやっています。普通はラウンドオペレーターといって日本にある子会社に全部やらせるのですが、うちは全部、直にやってるので細かい手配が必要なんですよ。

まあ、そんな感じでアルバイトを三ヶ月ほどしてたら、正社員の話を持ちかけられたんです。アルバイトだけしててもできることは限られてるし、見えてくるものにも限界があるし、日本で働いていた時も韓国系企業とはいえまだ日本的なところもあったので、韓国を知るにはこんなチャンス二度とないだろうと思いました。あの時は二九歳だったから、三〇歳までは大丈夫かなって正社員になることを決めたんです。

正社員になってからは仕事もずいぶん変わりました。韓国人のお客さんからの苦情の電話なんかも対応するようになって、最初はすごくつらかったですね。やっぱり、こっちの人って容赦ないでしょ。日本人だとちょっとぐらい日本語が下手な外国人に少し大目に見てくれるところがあると思うんですけど、それは全然ありません。

「なんでお前はそんなに韓国語が下手なんだ‼」から始まって「在日韓国人じゃないのか？」って怒鳴られて、仕事がどうとかってことじゃなくて「言葉ができない」ってお叱りをまず受けるんです。さ

▲明日への活力！　コンパクトにまとまった部屋で韓国ドラマを見るのが至福の時

らに、うちの会社のお客さんはお年寄りが多いから発音が不明瞭で電話では聞き取りにくいんです。そして、私も外国人で発音が不明瞭でしょ。お互い話がかみ合わなかったりもしましたね(笑)。

もちろん、苦情の電話は苦痛ですけど、中には「あそこはきれいだった」とか、「あれは美味しかった」なんて話をお客さんから聞くこともあるんですよ。韓国人って何かにつけて「日本人は悪い！」とか、「日本は…」なんてこと言ってるけど、感動するところは一緒なんだなって思うと嬉しいです。あんなに日本嫌いなんて口では言っていても心は違うんだなって、日本に興味があるんだな、結構日本が好きなんだなって確信しますよ。

電話のクレーム対応は今だに大変ですけど、わからなくて当たり前、下手で当たり前って感じで開き直ってやってます。だって、他の職員のクレーム対応に比べたら、本当、私の対応は言葉こそ問題があれ、親切丁寧ですもん。

日本だったら、特にこの業界だったら、何でもお客さんの言うことを聞くのが当たり前でしょ。お客さんからクレームがあったら無条件に謝るのって。でもこっちは絶対謝らないんです。謝ったら負け、自分の非を認めることになると考えてるからどんどん喧嘩するんです。お客さんからどんなクレームがきても言い負かすんですよ。どうしてそんなことをするのかって聞いたら、「そんなことでこなくなる客はもういい。それでも絶対、客はまたくる‼」っていうんです。

つい最近も会社の手違いで旅行日程と全く違うツアーになってしまったことがあったんです。予定していたホテルもコースも全然違うツアーになってしまったんです。ハプニングと言えばそれまでですが、やっぱりその旅程を楽しみに旅行に行ったお客さんがいるわけでしょ。添乗員のガイドじゃ話にならないと、会社にクレームの電話がかかってきて、それでも電話対応の女の子たちは「そんなハプニングなんか予想できるか‼　そんな想定で予定表なんて作らない！」って喧嘩し始めるんです。それで終いにはお客さんに「お前なんか二度と来るな‼」って強気で言い放ったんですけど、不思議とそのお客さんまたくるのよね。私にはどうしても理解できないんですけど、韓国の人って喧嘩しながら仲良くなるみたいなところがあるようで。どんなに喧嘩してもまたお客さんがきてくれるんです。

謝らない理由はあともう一つ、こっちは何かにつけて必ずお金が絡むんです。こちら側が非を認めてしまうと、「お金返せ」とか「まけろ」とか言い始めちゃうから。日本だったらクレームなんて信用問題にかかわるからむしろ会社側が弁償するのにね。だから仕事を始めて一番初めにきつく言われたことは「絶対謝るな」ってことでした。

いつも喧嘩するのが仕事みたいな職場だから、女子社員は私を含めて三人しかいないんですけど、みんな気が強いですよ。そんなに気が強いなら男性並みに仕事をするのかと思うでしょ。でも、そうでもないんですよ、これが…。プライベートは思いっきり仕事に持ち込むし、インターネットは使い放題、私用電話もバンバン。やっぱりこっちは上の人がいるときは一生懸命働くんですけど、いなくなると緩みっぱなしで。監視の目がないと全く態度が違うんです。上司がいないと、彼氏を職場に呼んで二時頃に勝手に帰ってしまったり、病院に行くから、セミナーに行くからって、必ず私一人を残して二人でいなくなっちゃうんです。

私が日本人ひとりだからなめられているんでしょうね。どうせ上司に言わないだろうと。言っても私が悪いってことにされてしまうから。まあ、前の会社にいる時から韓国人ってサボり癖があるというか、ちょっと日本とはスタイルが違うなってことはわかってましたけど、やっぱりオリジナルはすごいんです。オリジナルは。

結構、今私は限界なんですよ。今まで我慢してきたことが溜まりに溜まって、だんだん「韓国嫌い！」「韓国人嫌い！」「韓国料理嫌い！」って感じになってきて。

それで私が時々「仕事やめたい」ってこぼすんですよ。そしたら韓国人の友達とか、その職場の女の子たちがすっ飛んでくるんです。日本だったら電話かなんかで相談して「今はそっとしておくね」ってやさしく見守ってくれると思うし、そっちを選んでくれると思うんです。こっちは焼酎かなんか片手にぶら下げて「どうしたんだ」「何があったんだ」「あなたの悩みの原因を知りたい」って本当にしつこくてしつこくて。もうほっといてくれないんです。

そのいやになっちゃうくらいのしつこさに根負けして、「こんなに言ってくれる人がいるんならもう少し頑張るかな」って気分になってしまうんですよ。もうその時は私の意見じゃなくて、その人の意見のままに動いてるって感じなんですけど。呪縛霊みたいに阻止の手が伸びてくるというか…。でもそれがまんざらじゃないのかもしれないな。

このところSARSの影響で旅行会社がどこも大変なんです。五月の最初にいきなり、翌日から二週間交代で休むように言われたんです。その後、一ヶ月休むように言われて。他の韓国人の子たちは一週間交代で休みをとることになったんですけどね。もちろん休んだ分のお給料はでませんよ。でも他のところは人員を半分以下に減らされて、残った人も給料の五〇％カットなんて話も聞きますから、クビにならないだけでもありがたいのかなって気もするんですけどね。

結局はSARSのような問題が起こると外国人職員が一番不利になるんですよね。今回外国人に対する労働条件の悪さを実感しましたね。賃金も含めて正社員として韓国で働く魅力はあまり感じません。SARS問題がなかったら延長して働くかもしれないと思っていたんですけど。だから今はこのまま残って仕事をするか、日本に帰って仕事をするかを考えてます。今の気持ちとしては半々です。実際問題としてお金がありませんから。

でも、日本に帰ってもやっぱり「韓国大嫌い!!」って言いながらも、韓国に関連する仕事をしているでしょうね。性懲りもせずに（笑）。

日本に帰国するたびに驚くことは怒らなくても済むことと、怒らない毎日。日本にいて頻繁に人に腹を立てるってことないでしょ。いかに毎日韓国でカッカしてるかってことですよね。

私、韓国にはめちゃめちゃムカついてるんです。でも日本で韓国のことを誰かが悪口言っているのを聞くと腹が立つんです。変な愛着があるんですよね。毎日怒ってる自分が嫌だと言っても、怒ること自体もエネルギーがいることだし、「生きてる」って感じがするんです。

韓国人って人にいっぱい迷惑かけて、本当に手を焼かせるんだけど、それがなんかおかしくなってきたりもするんです。私の中から「韓国」がなくなったらやっぱり寂しくなると思うんですよ。

「イヤだイヤだ」と言っても止められない。麻薬ですよね。この国は。本当に（笑）。

8 和食レストラン女将
山口禮子

Yamaguchi Reiko

誰にも言えない女将のホンネ 一人思う胸の内

生年月日：一九五〇年五月三日
出身地：東京都
学歴：慶應義塾大学 文学部卒業、成均館大学大学院 考古学科修士課程終了
職業：和食飛鳥 女将
労働条件：勤務時間一〇：三〇～二三：三〇、土曜休日。給料は同業経営の社長と利益の折半
住まい：ホテルの近くの一軒家（借家）
生活費の目安：一〇〇万ウォン
来韓年度：一九九一年三月二六日

私、出版社にいたんですよ。雑誌の編集で。その後は友達が独立して作ったプロダクションで、旅雑誌の編集を四～五人でやっててね。自分でも「私がいなきゃだめだ！」って思って仕事やってた。でもね、三二歳の時、地方に仕事に行ってて肝炎になってね。退院してからは本当に人生観変わってね。「私がいなきゃだめだ」っていうのは自分が考えることで、私がいなくても仕事は何とかなるものなのよ。結局、雑誌のライターとか、

編集者で終わって立派だったって人はあんまりいないって思ったのね。最終的には本を出すなり、専門を活かすなり、自分の仕事をしなきゃいけないと思ったの。

私は大学一年の頃が六九年ですからね、学生運動の最後の一番凄い時。だから殆ど授業がなかったから、勉強しないで卒業しちゃった。これじゃ自分できちっとしたことができないなって思い、勉強することにしたの。慶應の民族考古学に入って、東アジアの日本との文化的なつながりっていうのをやったの。考古学やってるとどうしても韓国とつながってくるでしょ。だから、卒論の時には韓国にきたりもしてたんだけど、そのうちどうしても韓国に留学したいなぁって思ってこちらにやってきたんです。それに、たまたま主人が定年退職になって。本当は私一人でくるつもりだったんだけど、一人じゃ腰が落ち着かないから二人できたの。その時、私が四一歳でした。

四一歳で外国に住む不安？　あまりなかったわね。その当時日本では、シルバー移住みたいなのが流行ってたの。うちの主人は凄く好奇心が強い人で、定年退職してからも知り合いの方の帳簿なんかは見てたんだけど、そういう仕事好きじゃなくって、だからこっちにきたんですよ。

こちらにきたのは九一年の三月二六日。今から一二年半前。私は一年間語学学校に通って、その後三年、成均館（ソンギュンガン）大学の大学院で考古学を勉強しました。今考えると考古学に入ったのは間違いで社会学に入るべきだった。一〇年以上も前のことだから、今は変わってるかもしれないけれど、韓国の考古学っていうのはまだ掘ったりとかするのが主流で、掘った物がどこの時代のものでどういう関連があってというように、あくまで遺物、遺構が中心。文化的な背景を構築するみたいなのはなかったので、私がしたいこととかけ離れていました。

学生生活は楽しかったですよ。大学院だから、試験はなくて、レポートとか発表だけ。大学への留学だったら難しかったでしょうけど、大学院だからできたんでしょうね。

主人も最初の一年くらいは語学学校の生徒だったの。だけど、その頃から韓国の物価もズッッと上がってきてね。消費生活する一方だから「いつまでやれるかなぁ?」って感じだった。そんな時、主人に声が掛かり、私の学校の先輩が日本との合弁会社をやって「日本との関係がギクシャクしてるから手伝ってくれないか」と。主人の就職先が決まって、私もアルバイトみたいな形でしばらく日本語学校で講師をやってました。

ホテルにきたのは九六年。日本人の総支配人がいたんですが、体の具合が悪くてお辞めになることになったの。ここのオーナー、会長がね、こちらも私の学校の先輩で、同窓会なんかでよく知ってる方だったんですが、主人に「ちょっとホテルを見て欲しい」と。で主人はここの支配人として入ったわけです。それで私も「日本食堂があるから、そちらを見てくれ」って言われて、こちらにやってきました。

この仕事はね、母がやってた仕事だし。それから、出版社にいた頃は料理の担当だったから、料理のページやりながら、調理師の免許取ったり、懐石の学校通ったり。それに主婦もしてたし、料理の先生もやってたの。実際、母が忙しい時には店を手伝ったりもしたしね。母がやってる仕事だけに自分がこの仕事をするのは嫌だったんだけどねぇ。嫌だから反発して大学まで出たのに(笑)。

このホテルに入ってからは周りがみんな韓国人でしょ。たまりませんでしたよ。日本語講師をしている時は「日本人の先生」ということで日本人に対する排他的なものは感じなかったんですけど、主人と

▲女将を慕う若いスタッフ達。まるで家族のように可愛さは倍増だとか

私の肩書きが支配人と日本食レストランの支配人。ここには韓国料理、中華、洋食の支配人がいるわけですよ。一応肩書きとしては同じ。でも彼らはこのホテルで何年かやってきて勝ち得た支配人職だから、私が簡単に成功してもらっては困るんですよ。一口に「韓国好きだ」とは言ってられない状況でしたね。

おととしの一一月、会社の方から「このレストランを独立させてやってみないか」って話がでたんです。実際この規模のレストランをホテルで経営するのはかなり難しいです。人件費とかコストの問題とか。ホテルは労働組合があるでしょ。勤務時間九時間で一時間休憩の八時間労働。女の子の場合は生理休暇も必要。でもレストランの営業時間は一一時半から二二時まで。そうすると現状の一・五倍、厳密に言うと二倍いないと回らないのよ。厨房も同じこと。

韓国ではホテルの従業員は大企業並みの待遇だから、その待遇で人を使うとなると、どう考えたって無理でしょ。これがコーヒーショップだったらこのシフトでも原価が安いから大丈夫だけど、日本料理はコストが高いからね。お客さんがたくさんきても黒字がでにくい。他のホテルもこの問題で頭が痛いみたいだけど、そういうところで会社が独立運営させようと判断したんでしょ。ただ、私なんかに任せないで、しっかりした日本料理の企業に貸してもよかったんだろうけど、お金だけで採算が合わないから貸しだすっていうのじゃなくて、このホテルの中でホテルの色をちゃんとわかってくれる人というのもあったみたいです。

私の場合は「同業」ってシステムなのね。独立する時資本を私と当時からの調理長と半分ずつだし合う。社長が二人。彼と私が責任折半、利益折半。全部折半。その関係はものすごい大変。韓国では兄弟でも同業は難しいらしくて、ましてや男と女。韓国人と日本人。

はっきり言って向こうは調理師の出でしょ。職人さんですから、単純だし、ちょっと単細胞だし。韓国は職人さんの地位がつい最近まで認められていなかった社会だから、職人さんらしくさっぱりしてればいいんだけど、屈折したところもあるのよね。信頼しているふりをしながらも目を光らせておかなきゃいけないつらさがありますね。

女の子に対してはホテルのレストランだった時よりも厳しくなりましたね。ホテルの従業員にはホテルの研修マニュアルみたいなのがあるし、私の上には部長もいるわけだからあんまり私の色をだせなかった。今の従業員はみんな外から集めたでしょ。そういう意味では可愛さが違いますよね。

今はいい子がいる状態ですよ。でも、初めはどうにもならなくてね。今支配人をやってもらってる女性は四一歳なんだけど、私がホテルにくる前から知ってた人だから一〇年くらいの付き合いかなぁ。今は彼女に全部任せてるから楽になったの。

やっぱり日本人が従業員に直接言うっていうのは難しいのよ。私がこれだけ嫌な顔してるんだから、わかるだろうと思っても相手はわかってないし。怒ることは怒るんだけれども、言葉的な面で後のフォローができないでしょ。だから韓国人の彼女に間に入ってもらって助かってます。

いろんな人から「韓国ではそういう人に裏切られるケースが多いから気を付けろ」って言われますけど、周りは韓国人ばかりですからね。信じるしかないでしょう。裏切られたら裏切られた時です。韓国人と働くようになると、いいところは気付かなくなってきます。悪いところが見えてくるようになる…。日本でも悪い人もいればいい人もいるってことだから。ただ、韓国には日本にはもういなくなった種類のいい人がいますね。責任感が強くって、お金に欲がなくって、昔の日本の風流なものを持ってる人に会いました。明治維新の志士みたいな。本当に。

四ヶ月前に主人が亡くなって…。どうしようかと思って。本当にうちは仲が良かったんですよ。昨日、地方から戻ってきたんだけど、主人の骨を分骨してきました。半分は韓国の田舎に、半分は日本の山口のお墓に持って行こうと思うの。それで韓国のお墓を作ってくれた人っていうのが、私がこっちにきたばかりの時に成均大の学生だった男の子。うちの主人が若い子好きでね。土曜日ごとに日本に関心のある韓国の学生と語学学校の子たちがうちに集まって一緒にお酒飲んだり、おでん食べたりしてたの。「山口会」なんて言ってね。そこにきてた男の子なんだけど、お葬式の時もその子が息子代わりにやってくれてねぇ。本当は『マディソン郡の橋』みたいに散骨しようかと思ったんだけど、「散骨するんだったら、うちの山に」って言ってくれたから、傍で見てくれる人がいる方がいいからと思って。

その子、今は私のために田舎にうちを建ててくれるとまで言ってくれてるのねぇ…。

私、日本に帰ると「日本不景気だなぁ」「日本人かわいそうだなぁ」って感じるんです。韓国は不景気だけど、個人消費は凄いんですね。それは韓国のいいところでしょう。私の母が八〇ですけど、元気なんですよ。母は姉の家に住んでるんですけど、迷惑かけられないっていうのもあるだろうし、あんまり当てにしちゃいけないっていうのがあるんでしょうね、今は景気も良くないし、自分のお金を使えないんですよね。

そんな時ふと気付いたのは、韓国の個人消費が衰えない理由は家族関係に自信があるからじゃないかと思ったの。例えば、韓国だったら孫が中学校に入学すると、おじいちゃん、おばあちゃんがパソコンからプリンターまで付けて全部一式プレゼントするっていうじゃないですか。今、日本のおじいちゃん、おばあちゃんにそんなことできる人あんまりいないでしょ。つまり、おじいちゃん、おばあちゃんがお金を使い果たしたとしても「息子が面倒をみてくれるから、孫に投資しても大丈夫だ」と思えるんでしょうね。

今、私も一人になっちゃって、いくつまで生きるかも問題ですよね。一人になっちゃったら仕事しなきゃね。

日本に帰っても居場所がないのね。寂しい話ですけど。それにお店には従業員もいるし、彼らの生活にも責任があるし。「主人が亡くなったから、はい辞めます」ってわけにはいかないでしょ、責任上。

もちろん私の働く場としても必要だし、今はもっともっといろんなことを考えなきゃいけない段階なんだけれども、今のところ日本に帰るということは考えてないですね。ここのホテルにきてからも、大変すばらしい人にいっぱい会ってる。私が入ってきた時からずっと見てくれている人がいて、女性として立派に仕事してるって見てくれる人たちがいる。大きな会社の会長さんや国会議員の人達もくると私の顔を探してくださる。ここのオーナーもそう。そんな人達にたくさん会えましたからね。

私の夢は田舎で暮らすこと。自給自足みたいな形で。えっ？ 田舎で大皿料理の店はどうかって？ そうねぇ。山菜料理の店なんかいいかもねぇ。そしたらみんなソウルから車に乗って食べにきて（笑）。でも最近、尼寺にも入りたいなぁなんて思うんです。この前、韓国の尼さんと話してたら「韓国の尼寺には年齢制限があるんですよ」って言われて。三〇何歳かまでなんですって、これはだめだなって（笑）。お宅はまだギリギリ大丈夫なんじゃない？ 別に仏教に興味があるわけじゃないけど、これからも韓国でいろんなものを見たいですね。

今はね、変わりたいと思ってる。体も心も楽な方に持っていきたいと思ってるのよ。

9 ロックミュージシャン 佐藤行衛

Sato Yukie

ミュージシャンの楽園? 程よくハングリーな村、韓国

生年月日：一九六三年九月一日
出身地：東京都
学歴：成城大学 経済学部卒業
職業：ミュージシャン
労働条件：なし
住まい：ソウル市内。一戸建ての二階のフロアを借りて生活（部屋三、シャワー、台所付き）。チョンセ契約四五〇〇〇万ウォン
生活費：概算不可能。入ってきた収入は使い切る
来韓年度：一九九九年夏

今日のライブどうでした？　フフフッ、初めて聴いた人は「これが音楽か？」って思うでしょ？

今の音楽はフリーインプロヴィゼーションっていうジャンルなんですよ。俺は日本で韓国ロックを始めたのと同時にこの音楽も始めたんですね。韓国では今年からフリーインプロヴィゼーションのライブ活動を始めたんですよ。例えばアバンギャルドとか現代音楽とかそういうイメージなんで

すけどね。わかります？　メロディーとかなくって、美術でいったらピカソの絵みたいなもんなんです。

韓国ってね、国民に向けての音楽の情報がないって言うか、偏ってる。それは、朴正熙大統領（パクチョンヒ、一九六三〜七九年大統領）の時代に文化政策が施されて、音楽とか文化とかを国が管理してたからなんですよ。全ての歌が審査され、ちょっとでも汚い言葉とか、政治批判の言葉とか、エッチな歌とか全部発売できないわけ。それが韓国語だけでなく、洋楽にも及んでいたんですよ。レゲエなんて九六年まで禁止されていましたからね。理由？　退廃的だから。音楽のジャンルが丸々一つ禁止ですよ。考えられないでしょ。

七九年に大統領が暗殺されたにもかかわらず、九六年頃までその制度は続いていましたからね。とにかく韓国の人の音楽の情報は、あるものはストレートに、あるものは紆余曲折して、あるものは全く入ってこないって感じのへんな状況になってるんです。まあ、でも何にもわからない人の前でやるから反応が面白いっていうのもあって、知識のない分、韓国の人は素直に見て、素直に感じて、素直に言ってくれるからいいんだよね。これが日本だと、情報がありすぎるから、こういうのを見てもあんまり何も思わなくなってるから。

僕は高校生のころからバンドやってて、日本にいる時も、アマチュアバンドっていうか、インディーズバンドをやってたわけ。まあ、そういう生活だから、フリーターなんですよ。フリーターって言葉は今使わないのかな？　今なんて言うんだろうね。わからなくなっちゃった。プータロー？　まあそういう言葉がない頃からこんな生活しています。アルバイトしながら、楽器につぎ込むような生活ね。今はインディーズって言ったらそれが一つのジャンルみたいになって、それで食べて行けるようになってるけど、当時はそんな奴いなかった。

　九五年頃かな、当時やってたバンドが急に解散したんです。それで急にやることがなくなったんですよ。まあそこでちょっと海外に遊びに行こうかななんて考えたんですけど、お金もなくって。お金がなくっても行ける国を探してたらそれが韓国だったんです。それに「焼肉好き」っていうのもあったからね。「焼肉博士」とか言われながら本場の焼肉食ったことないっていうのもあれだと思って、その頃二泊三日のホテル付きのツアーで二万円台でありましたから、何も考えずに韓国に行きました。

　ロック好きとか言ったらもっとイギリスとかに行きたいわけじゃない？　でも、もともとそこら辺が偶然の始まりなんですよね。で、僕もひねくれ者なので旅行者が行くような所はなるべく行かんタイプで。とりあえずレコード屋に行って、かわいい店員の女の子に「セブンティーンズ　コリアン　ロック」とか頼んだら、親切にいっぱい持ってきてくれたわけ。何にもわからないから一五、六枚くらい全部それを買って帰ったんです。

　そのＣＤの中に韓国ロックの生みの親と言われている「シン　ジュンヒョン」って人のＣＤがあってそれを聞いた時衝撃が走ったんですよ。日本のロックに似てるけどちょっと違う。それは多分コチュジャンとニンニクの匂いだろうって感じかな。言葉も変だし、ギターのリフとかも変で間が抜けてるっていうか。もっと驚いたのはグループサウンズっぽいんですよ。とにかく自分の好きな六〇年代、七〇年代の音楽で、それがすごい惹かれる要因になりましたね。それ聴いてからは生活が一変しましたもん。まず、いつも食卓にはキムチで、キムチを食べない日はないとか、ＮＨＫのハングル講座を始めるとか、

▲意外にも整頓されたＣＤ棚。秘蔵の音源は１万枚以上。自宅は極上の創造空間

当時インターネットで検索しても殆ど情報がなかったからね。日本でCDを買える所があるかとか、本を買える所探したり、何て言うのかな、一種の熱病でしたな。とにかく他の情報を全部カットして韓国だけにしちゃった。

あれは中学生の時、初めてビートルズを好きになった時と同じ衝撃。あの時も英語なんて嫌いなのに、毎日辞書引いて調べたり、歌詞覚えたり、レコード集めたりしてましたからね…。

それで、韓国にはまってからは、韓国の音楽面白いからみんなに聞けってカセットテープ一〇〇本ぐらい作って配って回ったんですよ。普通の人は騙されたって言ってましたけど、何人かは面白いって言ってくれた。当時日本ではバンドは解散してたけど、ライブハウスは随分先まで押さえてたから、遊びで韓国ロックのカバーとかやり始めたんですよ。名前は「コプチャンジョンゴル＝モツ鍋」って付けて。カルビとかビビンバとかだったら日本人でも知ってる、でも韓国語の語彙も少ないからとりあえず韓国料理のメニューから、冗談で、全然遊びで(笑)。

そのライブ活動やっている間に、韓国人好きの日本人とか、在日の人とか、最近韓国からきて日本で仕事しているニューカマーなんて言われる人達との付き合いが広がって、韓国でライブやることになったんです。九五年、当時はまだ韓国にライブハウスなんてあんまりない時で、日本と二〇年くらい差があるぼろいライブハウスで公演をやることになったんです。ところが、ライブの当日に当時の文体部(文化体育部、政府機関)から電話がかかってきて、

「日本のバンドが演奏をするそうだけど、それは許可を取ったのか。許可がない場合は演奏はだめだ」

ってマスターに演奏中止命令の連絡があったんです。まあ、そんなことがあっても我々は大丈夫なんだけど、お店のマスターは逮捕されることもあるからって、ライブは中止せざるを得ないという結論になったですよ。そんな事情だから、リハーサルだけをやって写真撮って帰ることにしたんですけどね。それがリハーサルの後、

「あなた方の演奏を聞いて気が変わりました。内緒でライブをやりましょう」

ってマスターが言うんです。それでライブ決行。

それからは、韓国のバンドを日本に呼んだり、韓国に行ってライブをするようになるんです。テレビの取材もきて、我々の全然知らないところでバンドがすごい有名になったんですよ。だって「日本のロックバンド知っていますか」って聞いたら、XJAPAN、LUNA SEA、そしてその次が「コプチャンジョンゴル」でしたからね。だから当時日本の情報ってほんとになかったんですよね。とりあえずそんな感じで活動してたら、韓国で一番大きなレコード会社の理事がライブを見にくることになって

「ぜひうちからレコードをだしましょう」と、トントン拍子に話が決まって九九年にデビューすることになったんです。それが韓国に住むことになったきっかけです。

デビュー後はなかなか上手くいかなくて、頑張ってみたんだけど、ギターはバンドを抜けて、韓国でギタリストとして仕事をすることになったし、他のメンバーは経済的な理由で日本に帰りました。それで僕だけ残ることになったんです。それでも時々仕事はきたりするんだよね。だからその度に韓国の友達に頼んで活動続けるわけですよ。それが、後にパーマネントのメンバーになるんですけど。ベースは韓国人の僕よりおじさん。ドラムはイギリス人。でもやっぱりそのバンドも新しいレコード作るなんて話もなかったし、経済的に苦しかった。イギリス人も「韓国つらいから帰る」と去り、また一人になったんですよ。

でも、もったいないから日本に帰ろうなんて思いませんでしたね。メジャー、インディーズ関係ないとは言っても、三〇過ぎてレコードデビューなんて考えられなかったし、冗談で始めたバンドでレコードデビューの夢が叶ったり、せっかくお膳立てされてるのに帰ろうなんて思えなかった。だって何事もすぐには上手くいかないから。俺には音楽をやる方が大事だからね。日本でやっててもこういうのってタイミングなんですよ。ポンっとでるのって、もう、やり続けてないと意味がないんですよ。

それと、帰らない理由は韓国の方が楽。韓国は国全体が村社会なんですよ。田舎に行って田舎の温かみを感じたりとかそういうのにハマって田舎に住む人いるじゃないですか。でもそういう人も溶け込むために苦労したりする話も聞くけど、それって全く韓国。あくまでもよそ者なんですけど、よそ者にもある程度の共同意識を持ってやさしく迎えてくれる村。やっぱりここは共同体だから、困っている人がいると無条件に助けようとするんだよね。友達がいっぱいできると金がなくても食わせてくれる。もちろん僕も収入があるときは払わんといかんのだよ。持ちつ持たれつでね。だから僕の日本人の友達が韓国にくるじゃない。些細な習慣の違いを韓国人は敏感に感じてますよね。「なんであの人一人でアイスクリーム食べてんの?」って。日本人って一人で食事もするし、団体の中で一人アイスクリーム食べてたって気にならないじゃないですか。でも韓国人はアイスクリーム食べたい時無条件にみんなの分買ってくるもん。とにかく一人で食べないで、みんなで食べようとするもんね。

韓国人と日本人は顔も似てるし、主食は飯だし、全部似てるんだけど、全然違うんだもん。日本から韓国にきた人はパラレルワールドに迷い込んじゃったみたいな。鏡の世界に迷い込んじゃったみたいな。自分は右手を挙げてるんだけど、みんなは左手を挙げてるみたいなね。でも見た目はそっくり。韓国はそんな国だと思いますよ。それを面白いと思える人は韓国にハマります。っていうか、それを面白いと思わないと損ですよ。だってそういう風に感じることができるのって日本人しかいないんですから。韓国好きじゃないと日本人は打ちのめされちゃいますよ。まあ、僕の場合は韓国が好きだからね。悪いところもよく考えることができるし、よく見える。「痘痕《あばた》もえくぼ」と言いますでしょう。相手の価値観が別物だってことをわかって付き合って行かないとだめだろうと思います。そして、それを理解しないと意味がない。自分の物差しを持ち込むなってことですよ。

僕モヤモヤとしたものの中から生まれてくる混沌としたものが好きなんですよね。金にはならなかったりするけど、バイタリティーも必要だったりするけど、韓国にいるとニンニク食べてがんばろうかなって気になりますよ。

今度四年ぶりにセカンドアルバムをだすんです。日本からの新しいメンバーも一人加わって、今、録音中でいい感じです。しばらくはコプチャンジョンゴルとフリーインプロヴィゼーションの二束のわらじを履いてやって行きたいですよ。多分ずっと韓国に住んでると思うけど、日本にいる時もそう思ってたもんね。また世界にでかけて行ったら違うことがあるかもしれないね。でも、夢があったらどこでもやって行ける。韓国好きならもっといい。だってこの国「村」だから、何にも考えなくても生きて行けるしね。

10 モバイルコンテンツ会社勤務

青柳晴子

Aoyagi Haruko

いつもいつも悩んでる ゆっくり悩みながら道を見つけます

生年月日：一九七九年九月八日
出身地：新潟県
学歴：神田外語大学 外国語学部韓国語学科卒業
職業：モバイルコンテンツ関連会社事務
労働条件：勤務は月〜金は一〇：〇〇〜一九：〇〇、土曜隔週勤務一〇：〇〇〜一三：〇〇、年俸一六八〇万ウォン
住まい：ソウル市内のワンルーム型下宿、家賃は月三五万ウォン
来韓年度：二〇〇一年四月

韓国にきてる人ってユニークな人が多いですよね。私もその中に入るのかなぁ？

私、大学で韓国語を専攻してたんですけど、韓国語が好きで勉強していたんじゃないんです。何となく、英語以外の外国語が勉強したいと思って。外語大に入って日本語教師の勉強はしようと決めてたんですけど、じゃ何語学科にしようかと迷っている時に、ちょうどその時父が日本語教師をしていたので、韓国語だと文法も似ているから比較したら面白いんじゃないかって薦められて。だけど、大学の時は韓国語全然まじめに勉強してなかったんです。韓国にきたのも友達と三泊の観光旅行が一回と、大学の一ヶ月の語学研修と二回だけでした。

大学の四年生になってからは日本で普通に就職活動をしてたんですけど、全然決まらなくて。毎日、嫌だなぁ、嫌だなぁって思ってたんですよ。そんな時日韓の合同イベントで「ワールドカップの開催地を自転車で回ろう」というイベントの実行委員をしてた友達が声をかけてくれたんです。

「就職も決まらなくって腐ってるんだったら、気分転換にやってみたら」って。

その企画は夏は日本の開催地を一周、冬は韓国の開催地を回るという内容でしたけど、こういうの韓国人はすぐに集まるんだけど、日本人って参加しないじゃないですかぁ。それで友達に頼まれてというか、薦められて日本のツアーに参加することになったんです。煮詰まりながら自転車こいで（笑）。でも煮詰まりながら自転車こいでたらそこで初めて韓国人の友達ができたんですよね。私、そのツアーでは年齢が上から二番目で、下の子も懐いてくれてどんどん話しかけてくれるんです。でも私は全然しゃべれなかったんですよね。

「韓国語専攻なのにどうしてしゃべれないの？」

って散々聞かれて

「ああもっと韓国語の勉強しとけばよかったな」って思いました。

大学で勉強してるから、読み書きは何とかなるんですけどね、それまで韓国って国とは全然縁もなかったし、知り合いもいなかったから、しゃべったり、聞き取ったりできないんですよ。その辺りからかな、「このまま日本で就職しても後悔するな」って思い始めたのは。「このままでいいのか？　いいのか？」って考えて、大学卒業したら一年間韓国に留学することにしたんです。

韓国には大学に付属している語学学校がたくさんあるんですよ。私は西江（ソガン）大学にしたんですね。西江大って会話中心だって聞いてたし、日本人も少ないってことでしたからね。実際は韓国ブームだったから日本人多かったんですけど、でもほかの学校に比べたら少ないし、クラスメイトに西洋人も多くていろんな人と接することができて楽しかったですね。でも、その学校でしばらく勉強して語学学校を卒業した頃に、また冬の自転車韓国ツアーが始まるんですよ。

夏の日本ツアーは一ヶ月かけて回ったんですけど、韓国のツアーは一気に三週間で回ったんですよ。メンバーは韓国人一一人、日本人一一人。サッカーの選手と同じ数。だから私も日本代表選手だったんですよ（笑）。

コースはソウルをスタートして釜山まで下って、済州島に渡って、またソウルに戻ってくるってやつで。一日七〇キロから多い時は一〇〇キロ走りました。自転車には乗れますけど、普段から本格的にやってるってわけじゃないから、足もパンパンで。でも女の子なんかは体調が悪い時は車に乗って移動したり、みんなが助けてくれたから、途中でやめたいなんて一回も思いませんでしたね。

韓国の二月なんて本当に寒いでしょ。毎日、食って、こいで、食って、こいでの繰り返しで。だんだん人間じゃなくなってくるみたいな感じだったけど、一緒に寝泊まりしてみんな家族みたいになってきて本当に楽しかった。寝るところもモーテルなんかの安い所に泊まってね。でも韓国のモーテルってラ

▲3週間、無心で走り抜けた極寒の韓国。その時運命は大きく変わった

ブホテルのことだから、隣から変な声は聞こえてくるし、電球がピンクだから、みんなの顔がピンク色になっちゃって(笑)。凄く変な体験をいっぱいするんだけど面白いんですよね。

メンバーの中には「ヘビョンデ=海兵隊」出身の子もいたから、韓国は車が溢れていて自転車乗るの危険なところが多いんだけど、海兵隊の大きな車が誘導してくれたり、困った時には「ウ〜ウ〜」ってサイレン鳴らしてくれたりと、随分助けてくれたんです。この国で「ヘビョンデ」と言ったら、一番強い軍隊で腕自慢の男達の集まりなんですね。だから、OBのネットワークも各地に広がってるみたいなんです。ツアーの間、モーテルとか海兵隊とかいろんな所で韓国との文化の差を肌で感じました。

ツアーが終わってからは学生ビザも残ってたし、また語学学校に戻るんです。その学校が終わった時には七、八割日本に帰ろうと思ってました。でもこっちには友達がたくさんいたし、残ったら残ったでもっと韓国語の実力も上がるかと思って、アルバイトを始める事にしたんです。まだ大学でて一年だったから、働いて日本に帰っても再就職できるって気持ちの余裕もあったんでしょうね。

アルバイトで入った会社は今、正社員として働いてる会社です。モバイルのコンテンツを作る会社です。よく携帯電話にゲームとか付いてるでしょ。あのゲームなんかを作って携帯電話会社に納めてるんですよ。日本からも発注があったりするから、アルバイトの間は仕様書の翻訳だけをしてました。だって社会での経験もないし私の強みって日本語しかないでしょ。一年ほどアルバイトをしてたら、正社員の話がでたんです。この時も日本に帰ろうと思ってはいたんですけど、このまま仕事を続けたらもっと韓国語がしゃべれるようになるかなって思って続けることにしたんです。

アルバイトの間は翻訳しか任せてもらえなかったし、あまり仕事を教えてももらえなかったんですけど、正社員になってからは、経理の仕事から備品の整理、全く韓国人と変わらない事務の仕事までさせてもらってます。経理の仕事も初めてで大変ですけど、私がそれをやらないと他の会社にお金がいかないでしょ。ちょっとずつ歯車になってるのかなって思うと嬉しいです。

ただ、私は日本で働いた経験がないから、社会にでたこと事態が大変なんですよ。日本にビジネスメールを送る仕事もするんですけど、「敬語はどうだったかな?」とか、「どんな形式で書くんだろう?」とか、周りは当然私が日本人だから日本語は簡単だと思ってるでしょ。期待は裏切れないし…。幸い日本の取引先もだいぶ大目に見てくれてるみたいだから助かってますけど。

だから仕事に関する不満はありません。だけど、自分の韓国語がまだまだだなってへこむことは多いです。電話の応対の時も、

「日本人なんですか。じゃ他の方に代わってください」なんて言われるし。あと日本人だからって好奇の目で見られて、取引先の人から食事に誘われたりもするんです。そんな時はどう上手く韓国語でかわしていいか戸惑いました。今はだいぶその辺もわかってきたから楽になりましたけど。最近会社の人達が、

「晴子はもう日本人じゃないね。なんでもよく食べるし、顔まで韓国人みたいになってきた」って言ってくれるんです。彼らにとっては私を認め始めたっていう褒め言葉ですよね。そういう事を言われると本当に嬉しいです。私にとっても韓国って「言葉が通じない地方都市」みたいな錯覚をすることもありますから。


　経済面ですか？　韓国での仕事も生活もストレスはないんですけど、それはかなりつらいですね。毎日残業が当たり前だから、昼と夜は外食なんです。それが大きいですよね。月にしたら、給料手取りで一三〇万ウォンくらいだから、食費と、家賃*、それから公共料金なんかを払ったら、月二〇万ウォン貯金できればいい方ですね。今でもときどき両親に一万円ぐらい借りたりもしてます。だから、住む所は本当に安いところを一生懸命さがしました。月三五万ウォン。韓国は大家さん次第で随分家賃がちがうんですけど、いい大家さんで。

　韓国は普通頭金をドンっと払って、大家さんはその利子で生活するんです。アパートを借りるのも何千万ウォンって大金が必要なんですけど「最近は銀行の利子も安いから」と毎月の家賃だけにしてくれたんです。

でも今住んでるところは、「パンチハ＝半地下」ですけどね。建物の入り口から入って階段を下りてそこに広がってるスペースに住んでるんです。だから、部屋の上の方に窓があって、そこから地面とか人の足とかが見えるんです。窓には泥棒よけの鉄格子まで付いてるから、防空壕みたいな、刑務所みたいな感じなんですよ(笑)。韓国ってどんな小さな建物でもこの「パンチハ」っていうのがあって、人がちゃんと住んでるんですよね。

基本的に私、韓国の生活も好きだし、やっぱり人。友達がいるから韓国にいるんだと思います。煮詰まっていた頃、自転車に乗ってなかったら、私は韓国に絶対いなかったと思う。その時の友達がいるから韓国も楽しい。それに、ここで出会った日本人もみんなよくしてくれましたしね。

今の会社を紹介してくれたのも、韓国に駐在している大手の企業の偉いおじさんなんですけど、日本にいたらあんな人達と友達になることはなかったと思います。ここにきている日本人って、韓国人に影響されるのか、とっても世話好きで親切な人が多いですよ。どんな地位にいる人もみんな日本人同士助け合ってね。韓国にいるとね、私自身も困った日本人を見かけると助けてあげたくなるんです。

来年の春ビザを更新する頃にはまた悩んでるんだろうなぁ。日本で働いてみたいって気持ちは捨てきれないですよね。卒業して会社に勤めてる友達の話を聞いたら、随分みんなに遅れちゃったんじゃないかって不安です。給料面でも仕事の内容でも。だけど、外語大を卒業してみんなは韓国語とは関係ない会社でOLしてるんですよ。そういう面では専門を活かしてるって満足するようにしています。だからいつかは日本に帰ることを考えながら「まかせてください。韓国関係!」って自信を持って言えるようになりたい。それだけの力を身に付けて行きたいです。

とりあえずの今の目標は韓国語で言いたいことをはっきり言って、しっかりした仕事をまかせてもらえるようになることです。やるんだったらもっともっと入り込んでみんなに認めてもらいたいですね。給料も「少ない。もっと上げろ!!」ってはっきり言って、生活のランクアップをして地上にでたいですね(笑)。

＊家賃の支払い方法は、月貰(ウォルセ)と伝貰(チョンセ)の二種類ある。詳しくはインフォメーションページ・住まいP34参照。

11 KBS日本語放送校閲委員

二日市壮

Futsukaichi Sou

「言葉の番人」韓国人に支えられ輝く第四の人生

生年月日：一九三六年一月二一日
出身地：大分県
学歴：法政大学 社会学部卒業
職業：KBS（韓国放送公社）日本語放送校閲委員
労働条件：勤務は九：〇〇～一八：〇〇、実際は九：三〇～二〇：〇〇、日曜休み、月給二三〇万ウォン
住まい：一九坪のアパート（社宅）
来韓年度：一九九四年一〇月

その録音機いいですね。何時間くらい録音できるんですか？　私はこのMDを使って取材をしてるんですよ。これにマイクを付けてね、綺麗な音が取れますよ。私は校閲以外に出演もしています。旅番組の取材も一人で行くんです。片手にMDを持ってもう一方にマイクを持って、冬の寒い時なんかは、これくらいのサイズが手ごろでいいんです。あんまり小さいと手が凍えて落としてしまいますから。

うちの番組は今から四八年前、戦後直後の一九五五年から始まった日本向けの日本語放送で、本来はラジオの短波放送なんですけど、今ではインターネットでも聴けるようになりましたし、AMでも西日本を中心に聴くことができるんですよ。毎日一時間の番組を制作して、それを翌日にかけて六回放送しています。

放送の内容はまずニュース、その日のニュースを韓国や韓日の視点から選び作成します。次にディスクジョッキー番組『玄界灘にたつ虹』。これは日韓基本条約が結ばれた直後の一九六五年から放送が始まり、まもなく一万一〇〇〇回を迎える看板長寿番組です。

この他に私が担当している録音取材の旅番組『ワンダフルコリア』、韓国語会話番組、週末にはK―POP中心の音楽番組なども放送します。韓国のあらゆることを早く詳しくお伝えしてます。雰囲気も家族的で、番組ではより親しみを持ってもらうためにパーソナリティーをニックネームで呼んでます。私のニックネームは「ワニ」。韓国でワニは「何でも知りたがる」、「何でも食べる」っていう意味があるらしくて、そこからスタッフが付けたんですけどね。

さて、ここからはお茶でも飲みながらお話ししましょうか。ええーと、私が推薦したいものは、「チクチュ」、葛の根のジュースです。この真っ黒なジュース。九年もこちらに住んでいましたら、韓国人も余り飲まないようなものも飲むようになりましたね。これが体にいいんです。

私がこちらにやってきたのは、九四年の一〇月で、一、二年くらい海外生活をしてみようかなって気持ちだったんですけどね、結果的には韓国にハマって抜けられないという状態になっているんです。私は日本人の中でも特異な性格だったと思います。韓国人に受け入れられやすいっていうような性格。私はＮＨＫで記者をやっていたものですから、記者というのはかなりオープンマインドな性格の人が多くて、そういった性格を相手に見せることによって相手から話が聞けるというようなこともあるものですからね。まあ、顔も韓国人に似てます。ほほ骨が高くて眉毛が薄い。そういうことで親しみを感じてもらったんではないでしょうか？

でも、最初にこちらにきた時半年くらいは、誰しもあることなんでしょうけど文化的ギャップやなんかで泣きたいような気持ちで。それに仕事がべら棒に忙しかった。それには理由がありまして、私の前任者の人がラジオ大阪の元アナウンサーの本田さんという方でね、「旅番組作るよ」ってことで始めちゃったんですよね。

校閲委員はフランス語、ドイツ語など、各言語ごとにいるんですけどね、他の校閲委員よりずっと忙しいんです。日本語の場合は校閲委員が私一人しかいませんでね、番組も多いものですし。私も自分が校閲委員になっている以上、変な放送はだしたくない、必ず原稿はしっかり見る。私の校閲というのは、韓国人が期待しているいわゆる「て、に、を、は」を直すっていうのに留まらないからね。自分が信ずるところに従って、やりすぎるくらいにしてやったね。原稿を真っ赤にして返して。

そういうふうに仕事をするから、土曜日の二時頃にやっと解放される。それから永登浦(ヨンドンポウ)の駅に行って、列車に乗って一泊で取材をして帰ってくる。時には月曜日の朝に帰ってきて、また仕事をする。結局休みなんかないっていう状況ですよ。

▲少数精鋭の日本語班。唯一の日本人としてチームを支える頼もしき大黒柱

当時は韓国語の勉強のために、夜間の語学学校にも通ってましたが、宿題をする暇もなくって、授業中に立たされたり、歌を歌わされたりして。結局二回ほど落第して、一年で学校も辞めちゃったんです。もう体がきつくてね、一時は喘息状態になったんですよ。ただ、私はKBSで仕事をしながら、NHKの『ラジオ深夜便』にニュース性のあるトピックスを隔週で伝えてたんです。かつての同僚達が局からの帰り道にタクシーのラジオで聴いたという人が多くてね。それが僕をしゃんとさせるもとになってましたね。KBSの放送だけだったら僕の中に甘えがあったかも知れません。かつての上司、同僚も聴いていると思うと、励みになって、頑張ってやってました。

そうこうしているうちにKBS日本語放送では五年が経ちましてね。五年目の時に「もうあと三ヶ月で辞めてくれ」って言われて、「じゃあしょうがない。いいでしょう」。放送っていうのは出演者を随時新しい人に代えないと聴く人が飽きるだろうと思って。

でも、引退しても日本に帰る気は毛頭なくって、どうしようかなぁと考えていたら、「大学にこないか」って仁川（インチョン）市立大学に客員教授として招かれることになったんです。

大学では日本語を教えていました。最近は日本語を教えるメソッドというのが開発されて、そういうものを勉強した人がきて教えていることは知っていたんですが、私にはそういう経験はないんです。でも、私は、日本語を窮めてきたというか、日本語の文章をいじって、悪い文章を省いて、省いて、さらにそれを具体的に目に見える文章にして、しかも送り仮名など国が決めた表記法に基づいて原稿をだすということを訓練というか、仕事にやってきたわけですからね。日本語教育法を「勉強した」人には負けないと、自信を持ってやっていました。

それと同時に、この期間は、「在韓日本語教師研究会」という、韓国にやってきて日本語を教えている日本人、在日韓国人の勉強会にも参加して、正しい日本語の教え方や教授法の研究などをしながら、私独自の教授法を編みだしていきました。この研究会の先生達とは日本語のテキストを三冊だしました。初級と中級、上級。それが今でもよく売れているんですよ。

そうやって、段々と日本語を教えるという面白さにものめり込んでいったんですよね。仁川市立大学だけじゃなくて、韓国内で日本語を教える最高峰と言われる外国語大の翻訳通訳大学院でも教えさせて頂きましたし、ソウル大学、師範大学の特別養成講座でもやらして頂きました。私がＫＢＳで日本語を修正しながら、教えながら、私自身が模範を示しながら日本語に取り組んできたことが、大学で教える上でも役立ちました。

大学に席を置いている間はアルバイトもしました。仁川市立大学で仕事をしている間はＫＢＳと同じ位のお給料を頂いていたので、夏休みや冬休みは働かなくてもよかったんです。ところが二年目、再任が決まったって連絡があったんですが、その連絡の四〇分後に「次の教授会で辞退してください」って言われたんです。私は六五歳になっていたんでね、六五歳は仁川市の定年の年齢だから、外国人といえども同じ扱いにするって言うんです。それからは、専任教師ではなくなって非常勤ですよ。一時間いくらでお給料を頂いていたんですけど、夏休みはゼロなんですね。当然アルバイトをしないと食って行けませんから、『東亜日報』*のインターネットサイトで韓国のニュースを日本語に翻訳して伝えるものがあるんですが、その校閲の仕事も始めました。ただ、韓国の新聞というのは日曜日だけ配達がないから、お休みは土曜日の夜だけ。だから、日曜日から金曜日まで、毎晩八時から一一時の締め切りまで校閲をして原稿をだしました。めちゃくちゃな原稿には一本四〇分もかかることもありました。もう一〇時ぐらいになるとかかってきた電話にもでられない、目が血走るという状態でしたね。私も「寄らば大樹の陰」で、NHKのような大きなところでいい人生ばっかり送ってきましたから、ここで随分と逞しくなったかなぁなんて思います。

でも、こんな感じで仕事を続けるうちに私も「そろそろ焼きが回ったかなぁ」、「韓国生活も終わりかなぁ」なんて考え始めるようにはなっていたんです。そしたら、KBSから電話がかかってきたんですよ。

「ワニさん。もういっぺんこない？」

って。もう一度行くなんてことは考えてもいませんでしたが、「KBSならって」カムバックしました。

以前との大きな違いはインターネットの放送。以前は短波放送が中心でしたけど、私が離れている間にインターネットが随分普及して整備されていました。以前とは違って、取材に行っても、録音取材した後デジカメで写真も撮らなきゃいけないし。放送が終わった後は放送の原稿とは別に放送の概要などをまとめて原稿を作らないといけないですからね、私の仕事はさらに忙しくなったわけですよ。でもね、今回は大学での教え子達が取材の時、ボランティア通訳で手伝ってくれたり、その子達の人脈を活かして専門家にうちの放送にでていただいたり、九年前にいた時に比べれば、「最強の校閲委員」になってると思いますすよ。以前は日本語にだけうるさい校閲委員。今もうるさいですけど、今は皆の相談に答えてあげることもできるし、アイデアもいっぱいだせる校閲委員です。

私、声が若いでしょ？　その秘訣をよく聞かれるんですけど、ハートの問題、心が若いからだと思います。私が六七歳のおじいさんのしゃがれ声だったら、こんな仕事もできなかったでしょう。

私が五七歳の時、ＮＨＫを早期退職して名古屋の大学で講師をしていた頃、古巣のＮＨＫから声がかかったんです。「韓国のＫＢＳでニュースがわかる日本人を探している」って。どうやら初めは現役の記者を欲しがっていたらしいんですけど、「辞めたばかりで元気がいいのがいるから」と私が韓国に行くことになったんです。

私は定年退職をした人間としてはとても幸せな人生を送っていると思います。専門性を活かして仕事ができ、周りの人にも恵まれて、放送の延長上に日本語を教えるということもできましたしね。それが第二の人生、第三の人生、今度は第四の人生が始まったのかなって思ってますからね。

定年まで勤め上げるということはその仕事のエキスパートになってるってことで、それを海外で活かすことができれば、しっかりチャンスを探していけば、人生は第二、第三と広がっていくと思いますよ。私はこの活躍の場がなくなって日本に帰ったらすぐ死ぬと思います。中から病気がでてきてね。だから、よぼよぼになるまで韓国に住みます。日本に帰るのはその後です。韓国の批判、悪口を言いながらも韓国には感謝してるし、忠誠を尽くしてます。

私は長く生きたい。ニュースほど面白いものはないでしょ。生きていたら見られるでしょ。それが私が生きていたい理由。できるだけ長く、一日でも長く生きて、「どう世界が変わっていくのか?」「日本が変わっていくのか?」を見たい。今のところの計画では一二〇歳まで生きる予定です。

放送の空気は美味しいね。

＊韓国有数の全国紙。

12 エステ経営
うらかわひろこ
Urakawa Hiroko

年を重ねるごとにいろんな韓国が見えてくる

生年月日：一九五八年生まれ
出身地：愛媛県
学歴：仏教大学　仏教文化専攻卒業
職業：株式会社A－B（広告エージェンシー、取材コーディネート）、韓方エステ梨花および韓国総合サイト「まかせてソウル」運営
肩書き：代表取締役理事
労働条件：年中無休
住まい：エステサロンの二階（チョンセ契約一五坪、二、三〇〇万ウォン）
来韓年度：一九九〇年九月

韓国にきて一三年でしょ。韓国への見方が随分変わりましたね。韓国って人も車もひしめき合って走ってる。みんな密着して生きてるから精神的にも物理的にも衝突が多いの。韓国にきた当時は人とぶつかることが苦痛で苦痛でね。でも一〇年くらい経った頃からかな。たわいもない日常の生活の中からいろんなものが見えてくるようになったんです。道で幼稚園の先生が子供達を連れて歩いているのを見かけるんですけど、先生がすごく

きつく怒鳴ってるの。「はい。くっついて、くっついて‼」って。子供達はお団子のぎゅうぎゅう詰めになって一生懸命歩いてるんですね。ああ、韓国社会ってこれと同じなんだ。みんなはぐれないように手をつないで、遅れてる友達を引っ張って、大きな声で話しかけながら、一生懸命同じ道を歩いてるんだなって。日常茶飯事に起こる人との衝突の中でも、今は韓国人が歩んできた背景みたいなものまで感じるようになりました。

私と韓国との出会いというと、すごい堅い話なんですが、高校時代の同級生に在日の男の子がいたんですよ。当事はその子が本名宣言したところで、その子の名前が読めなかったんです。「梁（ヤン）」って言って済州島に多い名前だったんですけどね。親と学校しか知らない変な意味で無菌状態の私が在日の存在を知って、その子からいろんなことを聞くようになって。例えば参政権がないとか、就学年齢になっても通知がこないとか、事実は隠されたところにあるんだって。そこで「正義とは？」、「不条理とは？」って考え始めるようになったんです。

その頃の私は在日問題だけじゃなくて、女性問題とか、障害者のこととか、マジョリティーとマイノリティーっていうのを基準にいろんなものを見ていた時期でした。それで自分も在日の人達との中でいろいろと動いていくんだけど…。ある時、在日の仲間に、在日韓国人、朝鮮人のアイデンティティーって「朝鮮系日本人でもいいんじゃないの」って感じの発言をしたら、「日本人のお前に何がわかる」って糾弾されたんです。そんな私の考えが受け入れてもらえなくて、「じゃあ自己満足でもいい。自分の目で韓国を見てみよう」と決めたんです。

私が韓国にきたのが九〇年。そのころの韓国は学生運動の末期で、大きな暴動もありましたし、学生達は民主化を求めて毎日学生運動をしてましたよ。私が語学研修のために通ってたのは延世大(ヨンセデ)で、延世はそのころ学生運動のアジトみたいになっててね、大学の前の道は学生で溢れかえっていて、沿道の個人商店のおばちゃんなんかが「がんばりなさい!!」って学生達にジュースを渡したりしてたんですよ。

私も何度もデモに巻き込まれて。催涙ガスってすごいんですよ。吸ったら器官が痛いし、息できないし、涙、鼻水でズルズルになるし、避難しなくちゃいけないんだけど、逃げられなくてぐずぐずしていたら、誰かがどこかに連れて行ってくれるそんな社会だったなあ。そう、当時はまだ貧困街もあったし、今のワールドカップ競技場の辺りはごみの山でフィリピンのスモーキンマウンテンみたいだったけど、人がそこで生活してたりね。でも人の心は豊かな時代だったような気もするなぁ。

私は三ヶ月分の生活費しかもってこなかったから、学校に通いながらアルバイトも始めました。日本語の個人教授や韓国映画の字幕付け、翻訳、その傍ら韓国の社会問題なんかにも興味を持ち始めていろいろ調べたり。そんなことを五年くらいやってましたよ。

そうこうしているうちに、日本語教材の出版社で仕事が決まったんです。会社が住むところも準備してくれるからっていうので、喜んで行ったんですけど、住まいは会社。ロッカーの上に布団が置いてあって、みんなが帰宅すると机の下に布団を敷いて寝る。そんな生活が続きました。

実はこの出版社で働いている時あたりが精神的にぎりぎりの状態で、韓国人にはだまされるし、ドロ

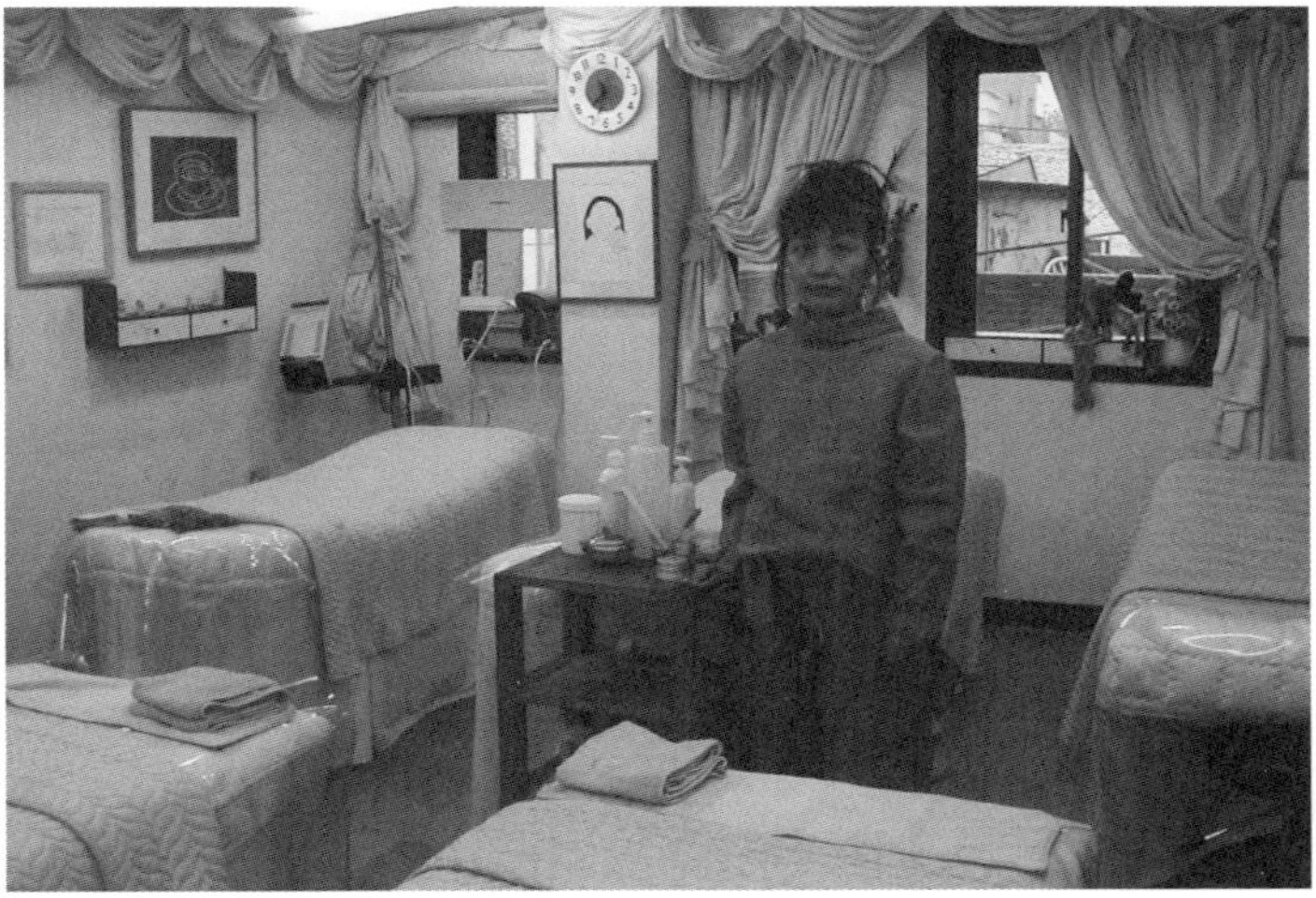
▲店内のインテリアは全て手作り。アットホームな暖かさでお客様をお迎え

ボーに入られてお金は取られるし、強姦されそうになるしで。でもすごい思い入れを持ってきた韓国だし、日本のみんなが「汚い」とか「怖い」とか、ただでさえ否定的なイメージで見てる韓国なのに、私が日本に帰って「お金取られた」なんて言ったら、韓国がもっと怖い国になってしまうでしょ。だから韓国への見方が真ん中になるまで、客観的に自分の口から語れるようになるまで韓国にいようって思うようになったんです。

そんなことがあってか、しばらくは引きこもりのような状態になって…。日本とのコーディネートの仕事だけをしてましたね。この頃は、肥大していく言葉とは反対に感覚、五感を養いたいってすごく思って。だって日本語を教えても、翻訳してもイコールにはならないでしょ。表現なんて「感じ」を伝えるための手段でしかないんだから。そんなことを思いながら、古典音楽を聴いたり、絵でも写実的なものじゃなくて抽象的なものに魅かれたり、陶磁器をやったり、何かわけのわからないものをたくさんやって、その中で「自然派」っていうのが私の中に残ったんですね。

その一つが「韓方*」ですよ。韓国ででてる漢方薬の本を読んだり、マッサージの美容専門学校に通ったりして勉強しました。日本人は目じりにしわがあるんですけど、韓国人って眉間にしわがあるんですよ。いつも怒っているから。韓国にはエステというとまだ「美」という観念のエステしかないので、心を豊かにして欲しいなあって思って漢方薬を使ったエステに結びついたんです。もちろん無料ではやって行けませんから、仕事としてね。


このパック独特の香りでしょ？　これは甘草の香りで、カレー粉みたいな、香辛料っぽいザラザラした香りなんです。今、塗っているのは西太后が使っていたパックですよ。当時、西太后は漢方薬を煮だして洗面器に入れて化粧水みたいにして使っていたらしくて、玉のように光る肌だったんですって。このパックは古文書からその配合を調べて一年くらい研究して作ったんですよ。成分は一四種類で、殆ど植物性なんですけど、一つだけ蚕が入ってます。蚕は毛細血管を強めたりとか、美白効果があるんです。

あとは韓国でたくさん採れる漢方なんかもブレンドしてますよ。漢方というと、中国ってイメージがあるんですけど、漢方は「天と地」の考えに基づいて研究されてきたんです。その人が立っている天、空ね。それと地、土地の気功を貰いながら人が生きてるっていう考え方なんです。その人が生きている周囲のものから気を取り入れてこそ力になるってことですね。だから韓国では「漢方」じゃなくって「韓方」と書くんです。日本では「和漢」っていうでしょ。日本の人は「中国漢方は農薬をたくさん使ってるから良くない。韓国漢方のほうがいい」なんてよく言うけど、やっぱり、日本と韓国は「天と地」が似てるから日本人にも合うんじゃないかなって思いますよ。

実はこのサロン、オープン当時は殆どお客さんがきませんでした。女子大の前に行ってビラを配ったり、電信柱に張り紙をしたり、ウェディングショップに挨拶まわりしたりしてね。惨めなこともたくさんありました。一年ぐらいしてからお客さんがくるようになって、今は七割くらいが日本のお客さんなんですね。

でも、ここまでくるのは大変でした。特に韓国人と働くというのは本当に大変なんですよね。オープン当時、腕を見込んで雇ったエステシャンが時間はぜんぜん守らない、仕事にこない。それで店の前でお客さんが待ってるなんてことも続いて、たまりかねて辞めてもらおうと思ったんです。彼女は「まだ会社に私物があるから」って、夜に合鍵をつかって会社に入り、ベッドや冷蔵庫なんかの大きなものを除いて、お店の物をもって帰っちゃったんですよ。そして、その次は日本で七年間美容の勉強をしたっていう韓国人がやってきて、「今度こそは」って思ったんですけど、「甥っ子が入院したから」とか「母親が惣菜屋を開いたから手伝う」なんて言って一週間なんて平気で休むんですよね。あげくの果てには「タイに行って一週間マッサージの勉強をしたい」って言いだしたんです。それで辞めてもらいました。それに彼女は高価な漢方薬を少しずつ持って帰ったりしてましたしね。

韓国人は人をナメて見始めると仕事をしなくなるんですよ。韓国人の性格はワンマンなスタイルで上の人がしっかり押さえて行かないとだめなんです。韓国人の経営者の場合は、「まあまあこの人できる」っていう人でも、「なぜそれくらいしかできないんだ。今まで何をしてきたんだ。そんなことではうちでは使えない」って叱りながら使うんですね。そうしないと長続きしないんです。でも私には韓国スタイルはできないんですよ。ストレスが溜まって。だから最後には「辞めてください」っていうことになってね。その後は精神的なストレスより肉体的な疲労を選んで、一人でやっていたんですけど、少しずつ日本人のスタッフがきてくれるようになって、今は常駐の日本人が二人、韓国人が一人のスタイルでやっています。エステを始めて一年ぐらいでお客さんがきはじめて、二年ぐらいでスタッフが落ち着きだし、今やっと安定したところですね。

今考えて見ると、韓国で起業するってそんなに大変なことじゃなかったですね。韓国での商売は勝負の世界なんですよ。韓国人って独占欲が強くて、負けん気が強いから、ありとあらゆる手段を使って同業者を潰しにかかるんです。正々堂々と自分のスタンスを守りながらやって行くっていうのはすごく大変。何をするにしても文句を言われて。それに比べたら、法人の手続きなんて、書類がそろえばいいだけでしょ。たいした苦労じゃないですよね。言葉がストレスじゃなくって、人間性とか社会性とかで苦しみましたよね。

私、一年前に人生観が変わるほどの大病をしたんですよ。子宮ガンの第三期。韓国で手術も受けたんです。日本に一時帰国してる時、具合が悪くて、母が通院している大学病院で検査を受けたんです。「もしかしたら、ガンの恐れがあるから、その時はすぐに連絡しますね」って病院で言われたんですけど、何の連絡もなかったんですよ。でも、母の付き添いで病院に行った時に念のため聞いてみたら、「ガンですね」って言うんですよ。随分日にちが経って、こちらから尋ねてのガン告知でしょ。すっかりその検診を受けた病院に不信感を抱いてしまったんですよね。そんな話を韓国の友人に話したら、「私がいい病院知ってるからっ！」って。病院を紹介するんじゃなくって、さっさと予約してしまったんです。彼女の常識を超えた行動力には本当に驚きましたけど、あれがなかったら病気はもっと悪くなってたかも知れないって思います。

韓国の病院は、ガンの進行状況のステージに合わせて、専門医がスタンバイしてるんですよ。だから、その人のステージに合わせた細かい説明を受けられるんです。それに先生も専門で付いてるから、執刀経験が豊富なんですよ。日本だったらあれほどのキャリアの先生は直接手術してくれませんからね。担当医の先生は「日本で手術してもかまわない」っておっしゃってくれたんだけど、私は「韓国で手術しよう」と思いました。いつしか「韓国人に命を預けてもいい」って思えるくらい信用してたんでしょうね。

今は広げすぎた仕事を整理して行きたいですね。広告部門もエステ部門も人に任せられるものは任せて。会社を作ったからには人を雇わなければいけない。人を雇ったからには仕事を回して行かなければいけない。休めないんですよね。日本に帰って副収入で暮らしてみたい気もするんですけど。韓国社会に根ざしちゃってるし、期待してくださってるお客さんもいるしね。辞めるわけにはいかないんですよね。仕事に責任があるから。

＊インフォメーションページ・日常生活のトレンド分析⑩韓国の美容Ｐ26を参照

13 在外大使館専門調査員
深野正一

Fukano Shoichi

ゆっくりあせらず取り組めばチャンスは必ず訪れます

生年月日：一九六九年三月三日
出身地：東京都
学歴：明治大学 政治経済学部政治学科卒業
職業：駐大韓民国日本国大使館公報文化院専門調査員
労働条件：勤務は月〜金九：一五〜一七：三〇（残業のため平均九：〇〇から）、土日出勤もあり
住まい：ソウル市内のアパート
生活費：家賃を含まず一五〇万ウォン（韓国人の奥さんと二人暮らし）
来韓年度：一九九七年三月

すみません。今日もあまり時間が取れなくて、最近バタバタしてるんですよ。ちょうどうちの部署から外交官が異動で二人抜けるもので。

私の仕事は大使館の専門調査員なんで、調査研究をするのが仕事なんです。私が調査をするのは韓国のマスコミがどういうふうに日本のことを伝えているのか、いわゆる韓国の対日論調を調べることと、日韓交流の現状を調べることなんです。現在は文化中心にやってますけど、一応まあ、マスコミと文化が担当なんです。でも実際にはその調査の方が他の仕事に追われてなかなかできないのがプレッシャーになってるんですよ。

日韓交流はワールドカップが終わるとしぼんでしまうんじゃないかって言われてたんですけど、むしろ人と人とのつながりは広がって行ってて、民間交流がどんどん行なわれています。うちは文化担当でしょ、だから「後援日本大使館」っていうのを使いたいっていうような後援名義の申請が一週間に十数件もきて、その申請内容のチェックをするだけで一日終わってしまったりもするんです。

実際、二〇〇二年度は日韓両国で外務省が把握しているだけでも八五〇件くらいの民間交流が行なわれましたからね。後援名義の申請書類の処理をした後は、民間交流の行事にうちの文化委員長が呼ばれるとアテンドで通訳をしたり、外交官の補助もするんです。もちろん政府レベルのことは外交官がするんですけど、それ以外のこと、外交官ができない部分のサポートをするのも仕事なので、イベントの企画なんかもするんですよ。

大使館の公報文化院ってところは、簡単に言うと日本の文化を紹介する文化センターですね。図書館と映画を上映する一三〇席くらいのちょっとした劇場があるんです。最近は日本音楽情報センターというのもあって日本の最新CDなんかも聴けたりしますし、その他にも留学したい人のための相談にも応じています。

若い人は音楽についてよく尋ねてきたりもするんですけど、中には結構細かい問い合わせもあります。例えば「日本の女性と結婚するんだけど引き出物は何がいいか?」とか「日本からご両親を呼ぶんだけどそのお金はだすべきだろうか?」とか。日本人に聞きたいことを何でも訊いてきますね。こちらはやはり大使館の施設なんで尋ねられたら親切に対応しなくてはいけませんし、私も去年韓国の女性と結婚したものですから、そんな時は個人的な見解ですけどいろいろお話ししてます。

文化院は七〇年代にできたんです。そもそも韓国では日本の文化を制限してたんで法の規制の中で日本文化を紹介して行こうという施設だったんですね。大使館の施設ですから、治外法権でできるでしょ。だから、昔から文化院では日本の映画もやって、つまり唯一日本の映画を上映できる施設でもあったわけです。フランスや他の地域にも文化院はありますけど、法の規制の中で日本文化を紹介して行くんですから、存在意義が大きかったわけですよね。今は日本の文化もだいぶん開放されてきましたから、その意味合いは薄れてきてますけど。最近は日本の文化を発信する基地というか、日本を好きな人が気軽に使える施設のようになってきています。

私と韓国との一番最初のご縁は子供の頃。花火をしていて…。花火って終わっちゃうと芯が残るんですよね。昔はその芯が新聞紙とかでできていて、丸とか四角とかわけのわからない文字がでてきたんですよ。「なんじゃいな」って思っていた時に、テレビでは朴正煕（パクチョンヒ）大統領の独裁政権ぶりをニュースで伝えてて「あの国なのか」なんて思って、それ以来韓国という国が気になり始めるんですね。

その次は大学生の時、大学に入ってすぐに一番仲良くなったのが韓国からきた留学生で、今では某有名国会議員の秘書のような仕事をしていますが、その彼から講義を聴きながらハングルの書き方なんかを教えてもらったんです。そして大学を卒業してからはソニーに入社するんですけど、ソニーでは九月

▲どんな場所にもすんなり溶け込む自然体。その笑顔はまさにお人柄そのもの

入社制度っていうのがあって、お金を貸してあげるから六ヶ月間英語などの語学を勉強してきていいって言われたんですよ。それでアメリカに行ったんですけど、なぜか私の周りは韓国人がいっぱいいるという状況なんです。彼らとは英語でしゃべっていたんですけど、「日本人なのに韓国の歴史なんかをよく知ってる」って気に入られたらしくて、「一度韓国に遊びにきたら」なんて言われてたんです。

入社してしばらくしてから彼らのところに遊びに行ったんですけど、その時に「韓国っておもしろいなぁ」って思ったんですよね。それでも会社勤めは続けるんですけど、入社して三年くらい経った九七年頃、ちょうど日本の景気が悪くなってきて、会社では三五歳以上の係長以上を対象にした早期退職者の募集をし始めて。私は二七歳でしたから、対象者には当たりませんでしたけど、「このまま専門性のない状態で日本の企業で働くのは大変だぞ」と思い始めて、「専門性を身に付けなければ」、「やるんだったら今しかない」と思って会社を辞めました。
ソニーという会社はある程度希望をだせば行きたいところに行けるんですけど、私がいたところは経営管理というところで海外への移動が難しいところだったんで。本当はアメリカなどに行ってＭＢＡを取ろうかとも思ったんですけど、ＭＢＡだったらみんな取ってますからね。ちょうどワールドカップが日韓共催になるかどうかなんて言ってる頃でしたから、韓国語を専門にしたら変わった仕事ができそうだし、どっちにしても何か仕事があるだろうと思い、お金を貯めて韓国に留学することを決めたんです。

こちらに来てからは延世大学の語学学校で一年九ヶ月勉強をして、その後はソウル大学の大学院で放送言論学を勉強するんですけど、ある教授と大ゲンカをして辞めました。でも、同じソウル大学で韓国学というのがあったので、そちらに移籍して、二年で修士課程を終了したんです。その韓国学の研究室には日本の外交官の人が研修できてて、たまたま「今外務省で募集してるよ」っていうのを教えてくれまして、専門調査員の書類をとりあえずだしてみたんです。それが今の仕事を始めることになるきっかけですよね。

その年はワールドカップがあるということで応募者が多かったらしいですよ。募集は今の私のポストと政治部のポスト、それとあと一つポストがあったんですけど、書類選考でもかなり振り落とされて、一次試験もその三つのポストに対して二〇人くらいの人が受けていました。この調査員っていう仕事は地域によって人気がバラバラで、ポスト一人に対して受験者一人なんていうのもあるみたいなんですけどね。やっぱりアフリカのどこかの地域なんかだと専門の研修者がほとんどいないんですけど、韓国となると異常に応募者が多いようなんですよ。

調査員の受験資格は大学院卒業以上で三五歳まで。専門的な知識を持っている人間だとか、その国の言語をしゃべれる人間を外部から取り入れようというふうになっているようですね。だから、今までは研究者が多かったみたいですけど、私のような文化担当では、むしろ幅広く文化関係を知っているとか、マスコミを知っているとかそういう人が選ばれているようですよ。


試験の内容は一次が筆記試験と語学面接、二次が人事課の人との最終面接となっていました。私の場合は韓国に住んでいましたので、二回とも飛行機に乗って東京に試験を受けに行きました。筆記試験は韓国語のテストと論文で、韓国語の試験は日本語から韓国語、韓国語から日本語に直す翻訳、これがもうかなりの量なんですよ。私の場合も最後の五行くらい残ってしまいまして、とにかく問題を見た瞬間に訳して行かないと終わらないので、考える時間なんてないんですよね。答案用紙に書き込むだけで手が疲れてきちゃって、字もぐちゃぐちゃで、採点をされた方も見るのが大変だったんじゃないですか。

論文のテーマは、文化部は「韓国の日本の文化開放について」、政治部は「次期大統領選の展望」でした。これも一時間くらいしか時間がないので、すぐに書けるかどうかが勝負ですね。私の場合はこちらで留学しながらも、NHKのリポーターを二年四ヶ月していましたので、毎週ニュースをストックしていました。ある程度の流れを抑えていたので書けたんですよね。

最終試験では一〇人くらいに絞られまして、私は「政治と文化どちらがいいですか」って訊かれて文化を選びました。私はいつも長期的にものを見る方で、余り目先のことに振り回されないというか。ソニーに就職をした時も、将来を考えて趣味のようにしていた英語の勉強が評価されて入社しましたし、この調査員の試験も、試験対策なんてできないテストでしたから、NHKのリポーターの時にこつこつと時間をかけて貯めていった文化方面の知識が助けになったと思います。

今、この仕事に就いてちょうど一年です。仕事を始めてすぐ、ワールドカップが終わった後九月頃に小泉首相がピョンヤンに行くことになって、外交官が何人かそちらに行ったでしょ。だけど民間の行事は増えていって、「じゃあ文化行事は誰がやるの?」ってことになっていきなり私が一人でやることになったんですよ。

一年間めまぐるしく動き回り、振り返って初めて、あれもやった、これもやったなって感じです。もちろん私は外交関係の仕事なんて初めてでしたけど、日本で働いた経験がありましたから、仕事のやり方などは多少はわかっていた部分もあって何とかやってこれました。特に文化の場合は外部の人との付き合いが多いですし、大学、大学院と進んだ学者の人間がやっていたら大変だったと思います。社会での経験がないと難しいでしょうね。私は韓国にきて六年半でしょ。今までに自分で築いてきた人脈もそのまま持ち込めますから、こちらで築いた人間関係が随分役立っていると思います。

調査員の任期は二年、延長は一年で、殆どの方が三年勤めているようです。ひとまずはあと一年突っ走ってみて、その後どうするか考えるんじゃないですか? 今は仕事が多忙ですから、考える余裕もない状況なんで、あんまり先のことを考えないで全力投球です。

明日は結婚記念日なんですよ。韓国人の妻と結婚して丸一年です。この調査員の仕事が決まってなかったら、結婚には踏み切れていなかったと思うんですけど…。これでますます韓国と離れられなくなるような（笑）。

14 日本語教師
船野賢子

Funano Satoko

まだまだ夢は始まったばかり 満足するまでがんばりたい

生年月日：一九七六年一〇月七日
出身地：岩手県
学歴：東北福祉大学　社会福祉学部社会福祉学科卒業
職業：日本語教師
労働条件：勤務時間一〇：〇〇〜二二：〇〇（授業七時間）、土、日休み、給料は歩合制
住まい：オフィステル（ワンルームタイプ）、チョンセ契約二〇〇〇万ウォン、月払い五〇万ウォン
来韓年度：二〇〇〇年三月

韓国にくるきっかけは、学生時代の経験からです。私は福祉大学に通っていて、当時は「国際ボランティア」サークルで活動をしてました。

主にアジア全域の関心のある地域について調査をして現地に向かい、自分でできるボランティアを探して活動をするサークルです。大学卒業間近の四年生の時、サークルの友人と数人で卒業旅行も兼ねて最後の海外活動にでたんです。

場所は韓国の慶州（キョンジュ）。そこには身寄

りのないお年寄りの施設があって、たくさんの方が生活をしているんです。その施設で私が出会ったのは日本人のお年寄りでした。年を取って韓国に一人で住む日本人のお年寄りというのは随分いらして、戦争の時にこちらに渡ってそのまま残った方など、その経緯はさまざまですけど、皆さん八〇代後半くらいで中には九〇代の方もいらしてかなり高齢でした。

私が直接声を掛けたのは五、六人のおばあさんでしたけど、日本語があまり通じなくて、通訳の人を通してしかお話ができないんです。ショックでしたよね。簡単な日本語や「さくら」なんかの童謡は覚えていらっしゃるんですけど、日常の会話が全部韓国語なもんだから、忘れてるんですよね。同じ母国語のはずなのに言葉が通じない、なんて衝撃を受けて「韓国語を勉強してこのお年寄りと会話をしたい」と思い始めたんです。

だけど、その時すぐに海外に飛び出すことは具体的には考えませんでした。研修旅行を終えて日本に帰ってからは就職することにしました。海外にでたいという気持ちもあったけれど、勇気もなかったし、知識もなかったし、両親の反対もあり、東京にでて妥協という形でOLになりました。

でも半年くらいしてかな。勤め始めてすぐ体を壊してしまったんです。その間にいろんなことを考えて…。学生時代の活動の中で私はフィリピンのツアーではろうあ者の施設を訪問したり、マニラのスラムを見て回ったり、現地の学校に行って授業をさせてもらったりといろいろな経験をさせてもらったんですが、そこで日本語教師という仕事をしている人達と初めて会ったんです。

海外に出て日本語を使って仕事をする。「うらやましいなぁ。なりたいなぁ」って、その研修で感じていた気持ちを思いだすんです。それからは、それじゃ「どうしたら日本語教師になれるのか？」って考えたんですけど…。もちろん日本語教師なんて日本語ができればいいんだろうけど、もっと深くやっていくには英語以外の第二外国語を話せなければいけないって思ったんです。その時です、日本語教師の夢と韓国への留学というのがつながっていったのは。

「まず、韓国に行ってみよう」、「韓国語の勉強から始めよう」って決めたんです。

韓国にきてからは語学学校で一年半、一生懸命勉強しました。ところが語学学校を卒業したあたりから、急にホームシックというか、鬱のような症状がではじめたんです。多分、何も考えずに一生懸命韓国語の勉強ばかりして、急にすることがなくなったからでしょう。韓国人のもの凄いパワーに押しつぶされそうになって、負けそうな自分を支えるのが精一杯で、毎日泣いてばかりいました。ちょうどその頃、父の誕生日が近づいていたんですね。父にお祝いのカードを書こうと思ったんですけど、段々自分の辛い気持ちを吐露するような手紙になってしまって。今まで、父に手紙を書いたこともなければ、ましてや、自分の気持ちをここまで打ち明けたこともなかった。でも書いているうちに泣けてきて、泣けてきて、涙が止まらなくなって。そうやって父に挫折しそうな自分の気持ちを伝えていくうちに、段々と気持ちの整理がついていき元気がでてきたんです。

この留学は経済的に随分と両親に支えられてきた。こんな年を取ってからも支えてくれている両親への感謝の気持ちと、今ここで負けたら申し訳ない気持ちとで胸がいっぱいになったんです。

手紙を書いて行くうちに「絶対負けたくない」「逃げて日本に帰ったら今までのことが無駄になる」

▲新しい家族となった愛犬のジョムジョム。益々長くなりそうな韓国生活

そう自分に言い聞かせました。

この時にすぐに日本語教師の勉強に取り組めばよかったんでしょうけど、当時はもう余裕がなくて、韓国に残ることが負けないことの第一歩でした。

結局、語学学校を卒業してからは、一年間のワーキングホリデーを取って韓国でまた生活を始めるんです。今度は両親の支援なしですから、いろんなところでアルバイトをしました。

アルバイトをすることで、韓国の社会を覗くこともできたし、精神的にも追い詰められることもなくなってきたんですが、今度は「これでいいのか？ 私がしたかったものは日本語教師だったはずでは？」って、本来の目的を思い出すんです。

「本格的にやるぞ」って決めたのは自分の性格が嫌になったから。海外で生活をしていると「日本語教師」という職業の人達と直接接する機会も多いし、仕事の話もよく聞きますよね。私は人のことを「うらやましい。うらやましい」と思いながら生きて行くのが大嫌いな性格だったのに、いつしか自分がその日本語教師をみて「うらやましい」って思ってることに気付いたんです。それじゃいけないと、日本語教師の養成講座を受けることにしました。

韓国で日本語教師として働ける条件は、大学で日本語を専攻または副専攻していること、日本語教育能力検定試験*に合格していること、専門的な知識があること、教育現場で働いた経験とスキルがあること、あとは、日本語養成講座を終了していること。私の場合はこの日本語養成講座の受講という選択肢しかありませんから、日本に帰らなくても受講できる方法を探しました。それが通信教育だったんです。日本から教材を送ってもらい、三〇冊近くある教科書を一つ終わるたびにテスト受けて、平均一年ぐらいかかるカリュキュラムを六ヶ月で終わらせました。日本語教師の勉強を始めたら、面白くて面白くて、一日も早く現場に立ちたい気持ちでいっぱいだったんですよね。

もう最終の論文を送る頃には、まだ修了証もでてないのに、韓国のありとあらゆる日本語学校を調べて履歴書を送りまくって就職活動していました。もう私の中で「やるだけのことはやった」という自信があって、「もうすぐ終了証がでます」って言いながら就職活動したんですよ。あの時はもう心だけ先生になっていたんでしょうか(笑)。

今の勤め先には就職活動を始めてからすぐに決まりました。面接に行ったら即日に内定を貰って。修了証より先に内定書を頂いて、とにかく自分の夢が叶う、日本語教師がやれるってことで凄く幸せでした。

実際に授業を始めてからは最初の一ヶ月は本当にしんどかったです。授業中に学生達から教科書にでてこない思いもよらない質問をされるでしょ。頭でわかっていても経験不足からか上手く答えられない。学生に申し訳ないやら、もどかしいやらで、家に帰ってから毎日、猛勉強。辞書とにらめっこしましたね。それから自分が使う日本語に対しても随分敏感になりました。

ある日学生から、

「先生、『なるほど』って言葉はそんなにいつも使う言葉なんですか？」

って訊かれて「ドキッ」としたんです。

私は「なるほど」って言うのが口癖で、頻繁に使う相槌なんです。だから「なるほど〜」って言いながら次の言葉を探しているようなところがあって、学生達は母国語じゃないからそのあたりをすごくピュアに受け止めてたんですね。実際、授業を録音して聞いてみると、何かにつけて「なるほど」って言ってるんです。口癖なんて無意識のものですからね。

日本人だから上手く教えられること、日本人だから教えられないことっていうのがあるんだなってつくづく感じました。本当、当時は家に帰っても眠れないし、就職が決まっただけで「先生になれた」と思った自分を恥ずかしく思いました。

だから私が日本人として責任を持って教えていることはアクセントと発声です。韓国人は「ざじずぜぞ」の音がでないんです。韓国語の音にそれがないから、聞き取れないし、耳が認識しないんですよね。韓国人の先生だと、先生もだせない音だから見逃がしてしまうんですよ。

発音の練習はヘレンケラーのサリバン先生みたいに、喉を触らせて、舌の位置を見せて、口の前に手を当てさせて吐く息の量を確認させて、私がモルモットみたいになってやってます。そうやって訓練していくと学生の発音もちゃんと直っていきます。そんな時は学生より私の方が嬉しいです。

先月、五月の「ススンエナルの日」、韓国の「先生の日」に学生達がいっぱいプレゼントしてくれたんです。教室に入ったら「先生、ありがとう」って、もうホワイトボードが使えないくらい大きな字で書いてくれてて。私と出会ったころには知らなかった表現で、一生懸命ひらがなと漢字を使って書いた手紙をくれたんです。

その手紙の中に、

「こんな先生見たことない。私がこの学院に通わなくなっても、先生が日本に帰っても、先生はずっと先生です。そして私の大事なお姉さんです」って。

この言葉は嬉しかったですね。生徒と先生としての距離を越えて、人間と人間の付き合いができてるのかなって、感動しました。

先生になって半年、まだまだ「ひよっこ」、いや、まだ生まれたばかりの卵みたいな先生ですけど、嬉しいことに私の授業をこの六ヶ月間ずっと聴いてくれている学生が多いんです。

うちの学院では学生達は一ヶ月ごとに授業の更新をしていくので、先生がよくなかったらすぐにこなくなってしまい、他の先生のクラスに変わってしまいます。だけど、みんな私の授業についてきてくれて。この仕事を始めた時は、プレシャーをいっぱい背負って「ただの緊張感」で教室に入ってきました。でも今は「いい緊張感」で入って行けるんです。今やっと、余裕を持って学生と接することができるようになりました。

これから先、まだまだ韓国にいると思います。日本語教師として始まったばかりだし。チャンスがあれば他の国にも日本語を教えに行くかも知れないけど、私にとって韓国はやっぱり特別な国ですからね。自分の足で初めて立つことを覚えた国ですから。嫌いになって、負けそうになった国だからこそ、今、韓国が好きになれたと思います。

＊詳しくはインフォメーションページ・仕事を探す④「韓国で日本語を教える」P53参照

15 TVカメラマン
照屋勉

Teruya Tsutomu

前は韓国が嫌いだった。今は、ときどき日本人であることを忘れてしまう

生年月日：一九六四年六月一日
出身地：沖縄県
職業：TVカメラマン
学歴：日本工学院専門学校 放送制作芸術科カメラコース卒業
労働条件：勤務時間は関係なし、休みは週一、二日が希望。年収四〇〇〇万ウォン
住まい：社宅
来韓年度：一九九二年二月

私は東京のプロダクションでカメラマンをやってたんです。その時、今の会社の社長と同じ撮影隊で働いてました。当時は日本の景気がよくなくて、そのプロダクションも景気がよくなかった。

私はまだカメラマンになって三年くらいのペーペーだし、彼もぱっとしない時期でしたね。若いカメラマンは居場所がないような雰囲気で、そういう暗い時期だったんですよ。そんな時、今の社長がもう一人いた韓国人と韓国で会社を始めたい

と言いだして、「もう一人技術者がだれかいないかな」って時に私に声がかかったんです。私もそんな感じだったから、「二、三年海外に行くのもいいかな」とその話に乗ったんです。それがきっかけで韓国にやってきたのが一九九二年の末でした。

事務所を開いたのは九三年の一月。小さな事務所を構えて、カメラ一式と車一台、社長がコーディネーターで私がカメラマン、もう一人の韓国人が機材エンジニアで、そこから始めたんです。

初仕事はフジテレビの仕事でした。事務所が準備できるかできないかの頃、大統領選挙の取材。金泳三（キム　ヨンサン）が大統領選挙に立った時の選挙です。その時は枡添要一さんがリポーターとしてやってきて、ソウルで取材をしたんですが、枡添さんも帰ってしまった後、金泳三が地元釜山（プサン）で選挙演説をすることになったんです。地元だから大々的にやってすごいことになるだろうっていうのはわかっていたんですけど、もう枡添さんが帰ってしまった後だし、私たちもフジテレビのGOがないと動けないものですから、じっと待っていたんです。

そしたらギリギリになってGOがでて、とりあえず飛行機に乗って釜山へ飛びました。釜山で飛行機を降りてからはタクシーで移動。道は一車線しかなくって、選挙演説のために大渋滞。それでもタクシーの運転手さんに「とにかく早く行ってくれ」ってお願いして、運転手さんも「わかった、任せておけっ。金泳三のためなら行くゾ!!」って鉄砲玉のようにすっ飛んで行ってくれたんです。

信号なんかいっぱい無視して、途中警察に怒られたんですけど、警察に「金泳三の映像を撮るために日本からきたんです」って事情を話したら許してくれて、それからは反対車線もカーブも関係なしにぶっ飛ばして行きました。やっと到着した時には演説は終わってて、金泳三が選挙カーに乗って動き始めてたところだったんです。高台に上り、社長は脚（三脚）を持って、私はカメラで三万人くらいの人だかりの中で金泳三が手を振ってるいい絵が撮れました。

その後は金泳三の後を追っかけなきゃいけないんですけど凄い人ごみで、だからカメラ一個だけで追っかけて行くことにしたんです。まだ私は韓国語ができないから「ジェーソンハムニダ～。ミアナムニダ（すみません。ごめんなさい）」だけ言い続けて。あの殺気立った韓国人の中に日本人一人で飛び込んでいくのは正直怖かったんですけど、

「カメラが来た。金泳三を撮りにきた。通せ!! 通せ!!」

って道を開けてくれるんです。私の前に道がザーッと開いて行って、みんな何言ってんだかわからないんだけど、人の頭をカメラで小突きながらもみんな協力してくれて、韓国人の人波をかき分けて進んで行った、あれは感動的でした。あの時の話は今でも酒を飲むとでてきますよ。

でもそれはあくまでも仕事の始まりであって、そんな順調には行きませんでした。できたばかりの会社にどこも仕事をくれるわけないし、韓国内の仕事ができるわけでもない。チョコチョコとした仕事はしたけれど、一年は仕事がなかったですね。私も金を持ってきてるわけではありませんでしたから、会社から貰う給料三〇万ウォン（三万円程度）で信じられないような生活をしました。

住まいはもう一人の韓国人の所に居候しました。でも、彼も忙しいから、私ばかりに構ってるわけにもいかないんですよね。友達もいないし、仕事ないし、テレビ見てもよくわかんないしで、事務所にでかける以外は何もできないから家でじっとしてました。でもしばらくすると学費を会社からだしてもらって語学学校に行くことになるんです。入学する日を待ちわびてましたよ（笑）。

▲カメラマンは腕で勝負。日本より遅れた機材も使いこなすしたたかさが必要！

学校に行くようになってからは、日本人の仲間もできて、韓国って「割り勘」ってシステムがないんだけど、みんな私が年長者でもお金がないのを知ってたから、みんなで割り勘で週に二、三回くらいは飲みにも出掛けてました。あの頃のお楽しみは一杯一〇〇〇ウォン（一〇〇円）のビールと五〇〇〇ウォン（五〇〇円）のチキン（鳥の丸焼き）でした。ところが、一年経つと一人で暮らさなければならなくなるんです。というのも、居候していた部屋の主が結婚することになって、居場所がなくなっちゃって。

「どんなところでもいいから、一人で暮らす」と社長に話したら、この会社の敷地に住むことになったんです。そのころ、会社の敷地内にバラック小屋みたいな建物があってそこに住みました。水しか出ない水道と練炭の暖房、鍵も掛からないような部屋で、冬は外より寒かった。布団からでられなくて、死ぬかと思いましたよ。

家賃は月一〇万ウォンでしたけど、韓国人も住むのを嫌がるような家でした。隣の部屋の声もまる聞こえでね。隣の部屋には二〇歳くらいの女の子が住んでいたんですけど、ある日突然バンバンバンバンってドアを叩いてきて、

「オッパ（お兄ちゃん）何してるの？　今から遊びに言ってもいい？」

って聞いてきたんです。「こいつらなんだ？」って思いながらもドアを開けたら、その子達が「パアーッ」と上がり込んできて…。その子達は一ヶ月くらいしてでて行くんですけど、その間しょっちゅう出入りして、そのうち仲間が一人、一人と増えて行って、一時私の部屋には五人くらいの女の子がきてました。

なぜかよくわからないんだけど、みんな「パーッ」と寝転がって、テレビ観たり、漫画読んでたり、喜んでいいのか、悲しんでいいのか、驚かなきゃいけないのか…。

まあ女の子がこんなにたくさん遊びにきてくれるのも悪い気がしないし、中に一人かわいい子もいたんですよ。その子が隣の部屋の住人なんですけどね。その頃、どうやら彼氏ともめてたみたいで、ある日その彼氏が僕のところに乗り込んできたんです。

「隣の部屋の子の恋人なんですが、実は今困ってるんです。助けてください」って。

「私には関係ないから隣に行って話しなさい」って答えたんですけど、どうやら私に恋愛相談をしていたみたいでしたね。それ以外にも日本人の子もたくさん遊びにきてくれました。家に帰ったら鍋なかしてて。みんなニヤニヤしてるから、何があったのか訊いてみたら、

「留守中に勝手に上がりこんで国際電話使っちゃったから、お礼に鍋してる」って。その鍋は今でも家にありますけど（笑）。

生活の苦しみは生半可じゃなかったけど、いつの間にか韓国に友達ができて、人間を好きになれると、韓国も好きになって行ったんですね。

語学学校は二年通うんですけど、結局仕事がネックになって進級できずに追い出されちゃいました。学校に行けなくなったら問題はビザですよね。できて一年くらいの会社がビザを取るって本当に難しいことで、あっちこっちに根回ししてビザをだしてもらったんです。カメラマンなんて韓国にもたくさんいるわけですから、別に外国人を雇う必要はないんですよ。あの当時は韓国にも国際化の波が押し寄せてきてる時だったから、社長が一生懸命説得して、それに出入国管理局の若い職員が同情してくれて、その彼が一生懸命押してくれたんですよ。日本では考えられません。

仕事の話に戻りますと、会社を作って一年くらいしてから、仕事が少しずつ落ち着き始めるんです。前に働いていた日本の会社の人たちが宣伝してくれて、知り合いを通して少しずつ仕事を引っ張ってこれるようになりました。でも韓国内の仕事もしないと当然やって行けないわけで、国内事情をよくするために努力しましたね。社長は日本で放送の仕事をしてましたけど、韓国では放送の経験はゼロだったんですよ。

韓国っていうのは局の人間が外にでて行って会社作ったら仕事もらえるけど、訳のわかんない人が会社作っても仕事もらえないんですよ。だからタダ働きみたいな仕事も随分しましたよ。現場に行っても私は韓国語ができない、助手は日本語ができないから通訳ができない。それでも二人が組んでやってる。他の製作会社の仕事に行ったりすると、みんな珍しがるわけですよ。彼らも日本のテレビのレベルは高いっていうのを知っているから、「日本から来たコイツがどれくらいできるのか？　ちゃんとできるのかな?」とみんな緊張して見てるんです。握手なんかはしてくるんだけど、もう目が監視してるというか、私を試してるんですよ。私も会社の代表だから、緊張しました。言葉がわかんなくても、今までの経験があるから、仕事はこなす、すると相手も認めてくれるんですよ。

韓国って大学でて、軍隊行ってそれから社会にでるでしょ。だから、セカンド、サードあたりのアシスタントでも私と同じくらいの年齢なんですよ。私の仕事が認められてくると、その同じ年くらいのアシスタントの人達が、私のためにカメラ監督の椅子をすばやく用意してくれるんです。日本人としてこちらにやってきたからといって、技術を持っているとはいえ、そんな簡単に受け入れられるものではないと思うんですよ。それを受け入れてくれたことには感謝しています。仕事がやりづらかったと思ったことはないですね。

ワールドカップの日韓共催が決まると、日本の放送が一斉に韓国を取り上げ始めたから、ブームになったでしょ。その時にうちの会社もそれに相当絡んでるわけですよ。会社も社運をかけたし、相当頑張った時期なんです。だけどそのうちにIMF時代になったでしょ、韓国内の仕事が一切なくなって、日本の放送もなくなり始めたんです。韓国の仕事に関してはレギュラーが減るわけですから、定期的なお金がなくなる。それが何ヶ月も続いて給料もでなかったこともあります。

社長は言わなかったけど、うちの会社はつぶれる寸前で首の皮一枚で持ってる状況だったんですよね。その状況をみんなで乗り越えて、ワールドカップ直前のブームまで耐えたんです。私も「もうだめだ」と思ったけれども、信じるしかなかった。二〇〇〇年くらいになると、もう休みが殆どなかったですよ。私の仕事は当時八〇%くらいが日本の仕事で、ニュース、情報物、ドキュメンタリー、何でもやって、一ヶ月に二回くらいしか休めない時もありました。おかげで会社の借金もかなり返したと思いますよ。みんな頑張って、会社の知名度も上がり、今の状況にすることができたし。一〇年一区切りで、今うちの会社は次のステップに行こうという時ですね。

日本の前の会社から「そろそろ帰ってこないか」とか、韓国の他の会社から「うちにこないか」とか、途中でいろいろな話はあったんですよ。ただね、ちょうどこの会社を始めた頃に、日本で立場的によくないから渡ってきたっていうのがあったでしょ。だから、何かやり遂げないと、きた意味がなかったわけですよ。この会社をまともにして、「私はここまでやったんだ!!」っていうのを見せたいという気持ちがあったんですよね。途中で他の会社に行くのもなんだか卑怯者のような気がして…。

今後、私の希望はこの会社を二倍、三倍にすることです。簡単に言えば、自分が現場にでられるだけでて、五〇歳か六〇歳くらいになって沖縄に帰るのが私の夢です。社長の夢はこの会社を韓国で一番有名な制作会社にすることだから、そうなった時にまだ社長がいて、この会社の成長には日本人が絡んでたってなればそれでいいんじゃないかな。それから、僕はたいしたカメラマンじゃないけど、僕を超えて自分の色を持ったカメラマンが何人もでて、韓国で認められて行って欲しいですね。

私は韓国の中で自分の歴史を作りたいと思っています。その歴史がいい形で終わればいいかなぁ。

16 コピーライター

古賀坂美幸

Kogasaka Miyuki

今がやっと自分らしく生きてます

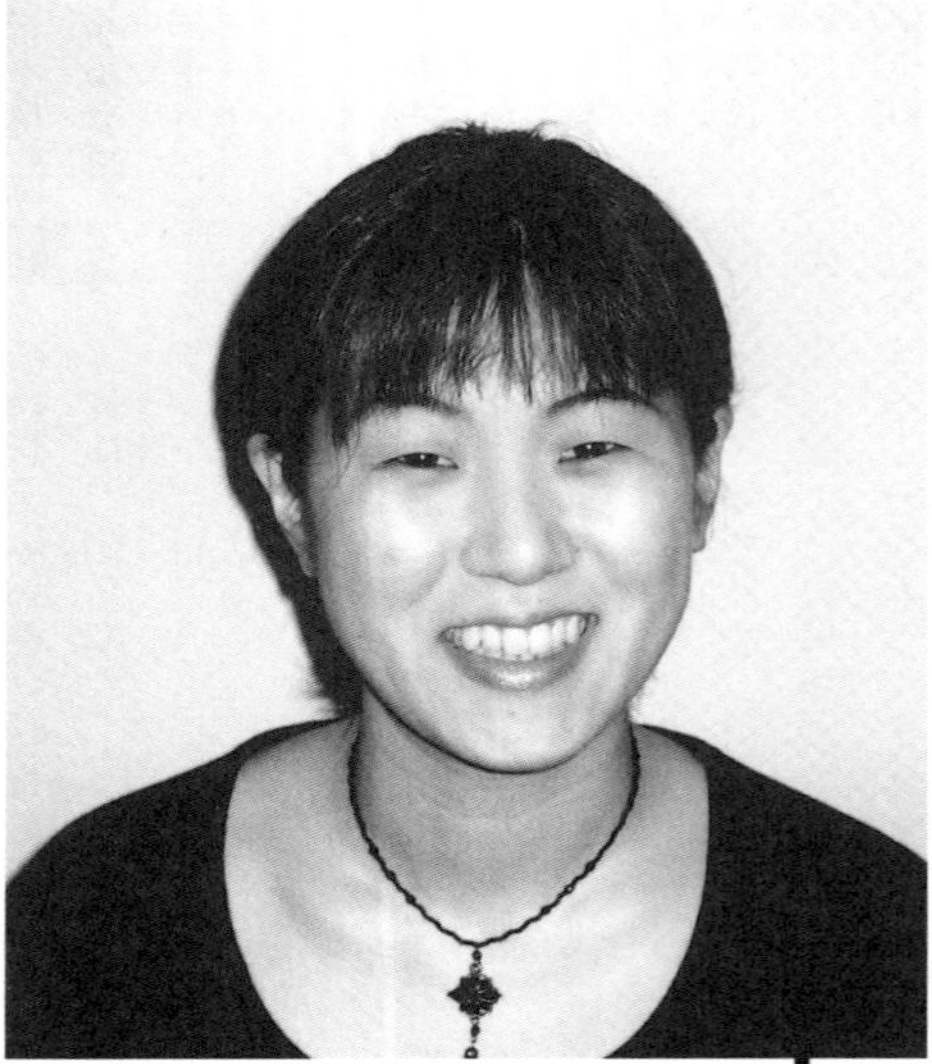

生年月日：一九七二年一月四日
出身地：徳島県
学歴：雑誌編集専門学校卒業
職業：コピーライター（雑貨貿易会社勤務）
労働条件：勤務は月〜金九：〇〇〜一八：〇〇、月給一〇〇万ウォン
住まい：ソウル郊外のビラ、チョンセ契約一四坪、三二〇〇万ウォン
生活費：月五〇万ウォン程度
来韓年度：一回目二〇〇〇年六月、二回目二〇〇二年四月

私には韓国生活が合っているんですよ。韓国で生活しての不満はビールの味が薄いことくらいやし。唯一の不満がビールの味っていうのもかなり幸せな日本人だと思いますよ。

ここに住んでいる日本人はつらい経験をしてる人がめっちゃ多いけど、私の場合ここで知り合った人は韓国人も日本人も含めてみんないい人ばかりなんですよね。韓国ってお酒飲んで仲良くなる国やし、お酒が好きやったっていうのも大きいかもしれませんね。お酒飲むからたくさんの人に会えるっていうのもあるしね。

B型の人なら韓国に向いてますよ。ノー天気な人ね。神経質な人には薦めません。日本人がここにきて働こうと思ったら不満が溜まるのは覚悟ですからね。ちょっとやそっとのことでは動じない人なら楽しいはずですよ。韓国人って毎日何かしでかしてくれるから目が離されへんのです。

ちょうど三、四年前だったかな。私の友達に中国語ができる子と英語ができる子がいてて、「じゃあ私は韓国語でもやってみようかな」って感じで、ほんま単純な動機で韓国に留学したんです。韓国に行きたいと思ってからは六ヶ月間で一〇〇万円貯めて、少しくらいは韓国語を読めるようにと本を買ったり、韓国語教室に通ったりしながら勉強もしました。

日本にいる時大阪で知り合った韓国人の友達がいたんですけど、ちょうど私が留学する時にその子も帰国することになって、「知り合いがおらんかったら心細いやろう」ってその子のお父さんとお母さんを紹介してくれたんです。

その韓国人の子はその後イギリスに行くことになっていましたから、その子のご両親が住むとこなんかも手配してくれはったんです。

一番初めに住んでいたところは、日本では考えられへんような屋上のハト小屋みたいなところでしたわ。部屋の広さは六畳くらいでキッチン、シャワー、トイレに広〜いベランダ付き。何せ屋上でしょ。その掘っ立て小屋みたいなところ以外は残り全部広いベランダみたいになってしまうんですよ（笑）。

ただ、夏は暑いしね、その年の冬はよう雪が降ったから、雪が積もったら玄関の戸が開かへんくって外にでられへんのですよ。でも好きできてたから、楽しかったですね。

家賃も頭金三〇〇万ウォンくらいに毎月一五万ウォンくらいでしたから破格値やったし。気楽に生活しながらいろんな語学堂*で一年ちょっと韓国語を勉強するんです。そのうちお金がなくなって一回日本に帰るんですけど、日本に帰って感じたことは、日本は住みやすいけど刺激がないということやった。「韓国やったら毎日、想像もつかんことが起こるのに」なんて思って、韓国に帰りたいっていう気持ちが強くなってきたんです。韓国語もせっかく勉強したんやし、一回韓国で働いてみたいって気持ちもありましたよね。それで、次は働くつもりで三〇万円くらいのお金を持ってまた韓国にきたんです。


帰ってきてから最初はアクセサリーやファッション小物を輸出する貿易会社に勤めました。日本から発注があるとそのファックスを翻訳したり、日本語で書類を作ったりというのが主な業務だったんですけど、一番多かったのは日本からのクレーム処理でしたね。私がその会社で働いていた頃はワールドカップの時期だったんです。昼間に試合がある時は仕事はいったん中止、テレビでサッカーを見ながら応援する。夜に試合があるときはさっさと家に帰って応援するって感じだったんです。

そんな時日本からクレームの電話がかかってきて横では、

「テーハミンッグ!! キャー」って感じでやってるでしょ。

日本の人が「何やってるんですか!!」って訊くもんですから、

「みんなサッカー見てます」って正直に答えて、

「そんなん、アリですか⁉」って訊かはるから、

「アリです。ここは韓国です」って答えてね。

間に挟まれて肩身の狭い思いをしました。やっぱり私も日本人ですから、日本の人の言ってることも十分に理解できるし、韓国の人はクレームがあっても「仕方がないや」って感じで済ませるし、仕事をしないいっていう国民性っていうのもわかってたんでね。

そんな感じやから、毎日のように日本からクレームがくるんです。ちょうどアルバイトから正社員になる契約更新の時に「これ以上できません」って言って辞めてしまったんです。

貿易会社を辞めて一ヶ月くらいした時に、友達から今の会社が募集してるってことを聞くんです。面接に行ったらすんなり受かって。

今のところは、雑貨を製造して輸出してる会社なんです。日本で定着してる一〇〇円均一の商品も取り扱ってるんですよ。一〇〇円の商品って、大量生産してるからあんなに安く売れるわけでしょ。だからコスト面の削減でアジアとの関わりが深いんです。

うちの会社では、韓国から日本で売れそうな商品の企画をだして、日本でOKが出たら発注を受けて雑貨を製造、パッケージまでして日本に輸出するということをしてるんです。

その他にも、お香やポプリなんかは韓国から指示をだしてベトナムやインドで生産してますからね。ほら、パッケージによく人の写真が印刷してあったりするじゃないですか。あれも会社の人がみんなモデルになってやってるんですよ。人が足りない時は私も時々モデルをやらせてもらってます。

例えば、手芸用品のパッケージで編み物してる手元とか、スリッパのパッケージで足だけとか、私としては美容関係の商品で「顔デビュー」を狙ってるんですけど、何でかみんな私に顔モデルやらせてくれないんですよね。避けてるような…。モデルは文字通り「猫の手も借りたい」時に手伝ってあげてます。

私の本当の担当は商品のネーミングと注意事項書きですから。いわゆるコピーライターですね。直接肌に触れるものとか、子供が遊ぶおもちゃなんかはかなり神経を使って注意書きを書いていますよ。日本の消費者って商品に関して厳しいでしょ。最近はPL法なんかも細かいし、不備があったら即、クレームの対象になりますからね。クレーム回避のためにもこういう仕事って日本人じゃないとできないんですよ。

一回だけこんなことがありましたね。韓国人のスタッフが日本人を通さずにネーミングの発注をしてしまったんです。外国人にはカタカナって難しいでしょ。韓国人の目からみたらカタカナの「ツ」も「シ」も同じに見えるんですよね。だから「マッサージ」って文字が「マシサージ」みたいな感じで上がってきて、パッケージは何千万個も刷り上ってきてましたから、日本人のスタッフでそれを一つ一つ残業して、手作業で修正したんですよ。うちは取り扱ってる商品の数がすごいから、コピーライターの仕事は日本人だけで五人いますからね。

今、ホンマに仕事が楽しいですね。自分が作った言葉が店で売られるいうのは最高ですよ。もともと、日本でも編集の学校にも通ってましたし、関心のある分野だったでしょ。日本では編集の会社なんかに面接に行ったんですけど、経験がないからってことで全部断られたこともあったんです。何でもいいか

▲2003年５月ついにゴールイン。涙、涙の挙式では「つけまつげ」が落ちてしまった

ら韓国で働けたらっていいと思って戻ってきたのに、自分が日本でできなかった仕事までやってるわけでしょ。面白いですよね。

それにうちの会社はほんま職場の雰囲気がいいんですよ。日本相手の仕事を専門にやってますからね、日本に出張する機会も多いし、韓国人のスタッフも日本的な感覚の人が多くてやりやすいんです。みんな性格もいいから。誰かの誕生日がある月にはケーキ買ってきてみんなで食べたりしてます。

今やっと自分らしく生きてるって感じがします。日本にいたら縦社会の厳しさっていうのに押しつぶされそうになったりもするけど、韓国でははっきりものが言えるしね。昔からやりたかった仕事をやってるわけやし、自分ががんばろうって思える場所で生活するってやっぱり楽しいかな。それに私、もうすぐ韓国人の彼と結婚しますしね。

彼とは一回目の留学の時に出会ってたんです。私が日本語を教えるアルバイトをしてた時の生徒です。かれこれ二年付き合ってようやく結婚することになったんですけど、韓国が好きだって言っても、結婚というのは具体的に考えられませんでしたね。彼と出会った頃は、まだ韓国語を勉強し始めたばかりでしたし、楽しく暮らしていたとはいえ、外国暮らしの不便さはたくさんあったので。

もしかしたら、韓国生活が大変だから彼を頼りにしてるのかな？　もちろん彼のことが好きだけど、日本にいたら私の気持ちがどうなるかな？　なんて考えましたね。最初の留学の時、お金がなくなって一回日本に帰ってるでしょ。あの時期に、韓国への思いも彼への思いも再確認しましたね。


彼を日本に連れて行った時、親も親戚もみんな反対しましたよ。理由？　理由なんていくらでもでてくるんです。私の気持ちなんかとは別に、みんな言いいたいことを言ってました。でも最終的には父が、

「住むところも、仕事も探してやる。日本に住むんやったら結婚してもいい」

って言ってくれたんです。

ひとまず父の承諾を得たことで、結婚話は進んだんですけど、実際、日本に住むっていうのも私には難しかったんですね。

彼は日本語がかなり上手いから日本で働こうと思ったら働けると思いますよ。でも、本人がしたくもない仕事を外国でやり続けるっていうのはしんどいと思うんですよね。その点私は違うでしょ。したい仕事が韓国にある。やっと見つけた自分の夢が韓国にある。そして、私が選んだ大事な人が韓国で一生懸命働いてるんですから。

私が好きな仕事をして、好きな生活を楽しんで、そして好きな人を選んだら、私の住む場所は韓国だったって感じです。

＊大学付属の韓国語を学ぶ語学研修用プログラム。詳しくはインフォメーションページ・韓国語を学ぶＰ１０３を参照。

17 経営コンサルタント 長谷部則彦

Hasebe Norihiko

韓国人の口も肥えてきた 店が個性を持つ時代

生年月日：一九三九年一二月一五日
出身地：愛知県
学歴：豊橋商業高校卒業
職業：経営コンサルティング
労働条件：不定期だが、平均一日五時間〜六時間、週休二日
住まい：ソウル市内二五坪のアパート、保証金一億ウォン。月払い四〇万ウォン
生活費：二〇〇万ウォン
来韓年度：一九八七年

今までに私が教育した人達が会社を辞めて自立しているのを見ると「教育が実った」と思うんですよ。

私が十何年こちらで仕事をして、私の知る限りのことを伝達して、それを守ってくれていることに対して物凄く嬉しい気持ち。もう一つ大事なのは私がこちらでいろんなものを作ってそれがお客さんに喜ばれて食べて頂ける。それが嬉しさ、楽しさなんだろうな。それが私をソウルに引き止めてる理由じゃないでしょうかね。

今、コンサルティングしているこの店「讃匠（チョンチャン）」は先月二八日にオープンですから、まだ一ヶ月も経ってないんです。今日の昼？　忙しかったですね。だいたい一一時五〇分くらいから、一時二〇分くらいまでかな、忙しいのは。

でも、もうちょっとですね。まだまだ、店が満席でテーブルがないからって帰られるお客さんがいるんです。それをどういう形で引き止めるかというのがこれからの問題だと思うんです。

韓国のお客さんは「うどんがだめだったら、キムチチゲ食べに行こう」ってことになるし、「いっぱいだったら帰る」っていうのが普通です。ここはオフィス街ですから、食事する時間が決められてますからね、それに対応できるように店サイドでいろいろ考えてやって行くしかないですね。

この店、以前は盆唐（ブンダン）でやってたんですけど、ここの社長はこの店を繁盛させてフランチャイズを立ち上げたいって目的があってソウルにやってきたんです。だから今はこの店のメニュー構成でフランチャイズが可能かどうかのテスト段階です。今はランチ集中の店ですから、どういうふうに改善して持って行けるかというのが課題ですね。この状態でフランチャイズに持って行くというのはちょっと寂しいですよ。

ここの社長はかわいい弟みたいなもんですから、私もできるだけ協力して、できる限り応援してます。厨房の中にも入って仕事もしてますしね。

あの…、「木曽屋」ってご存知ですか？　うどん屋の。私はあそこを創設したんです。ソウル市内には二〇店舗近くあるでしょう。市外には地方も含めて六、七店舗あるんじゃないでしょうかね。韓国サイドからいくと何百店というフランチャイズがありますけど、「日本式のうどん屋」としては一番大きいでしょうね。内容から言ってもよそに負けないフランチャイズだと思います。会社を作ったのはオリンピックの年、一九八八年の一二月。一九八七年から韓国にきて、ホテルに泊まりながら一年ぐらい市場調査しました。

私の親父はその当時日本料理をやってましてね、私も日本料理の出なんです。私、兄貴がいまして、兄貴と一緒にソウルを視察して、二人とも「日本料理の店を」という気持ちがあったんです。しかしね、その当時、もの凄く魚が高くて物によっては日本の倍くらいしましたし、普通のものでも一・五倍くらいですから、ちょっと無理だなってことで。

ただソウルの街は「何をやっても行ける！」って感じはあったんですよ。だから一般的に好まれるのは麺類じゃないかと、うどんにしようと決めたんです。

当時は日本のうどん屋なんてなかったですからね。日本のうどんによく似たものはありましたよ。「日式うどん」の看板はだしてましたよ。でもスープも麺もだめだったね。美味しくなかった。韓国のうどん「カルククス」をそのまま日本風にした感じ。麺はうどんの麺みたいなんだけど、スープに煮干が入ってたり、ニンニクが入ってたり、カルククスのスープをしょうゆ味にアレンジしたみたいなものしかなかったですね。それでも韓国の人にしたら美味しかったんでしょうか。お客さんはたくさん入っていましたけどね。「これでお客が入るんだったら、そんなに心配することはない」って自信を持ちましたね。

ただ問題は、ソウルで、ここで旨い物が作れるかってことですよね。韓国の商品を使って旨い物ができるかどうか…。うどんからいきますと、まず粉がだめですね。うどんの粉っていうのは小麦粉。小麦粉はパンに使う小麦粉、ケーキに使う小麦粉、全部が違うんです。いろんな作り方があるんですけど、パウダーにする時の大きさに問題があるんです。

韓国では細かくする機械というのが日本ほど発達してなかったものですから、目で見てわかるものじゃないんですけど、荒いんですよ。だから韓国のうどん粉を日本に持ち帰って分析してもらったんです。向こうは笑うわね。「どこから持ってきた粉なんだ?」って。「これじゃあうどんはできない」って結果が出たものだから、韓国の第一製糖という会社に頼んでできるだけの粉を集めてもらったんです。

それで揃ったのがカナダ、オーストラリア、韓国の粉。この三つをミックスしてもらったんです。満足なものはできなかったけど、それでなんとかうどん粉ができたんです。

あとは水。韓国の水は凄い硬水、水が硬くてうどんに合わないんですね。硬水に入っている薬品を取り除く機械を日本から持ってきて、なんとか軟水に変えました。

そうして、一号店をオープンしたのは八九年の五月一〇日。本当はオリンピックと同時くらいに店をオープンできるんじゃないかと思っていたんですけど、会社の申請をしてから許可がでるまでに半年、うどんができるまでに半年、一年近く計画が狂ってしまいましたね。

当時の韓国はアパートの駐車場には車がパラパラ、タクシーにしてもボロボロのタクシーしかありませんでしたね。ポニーっていう軽自動車があったんですけど、それがまだタクシーの主力でしたから。人の生活も今とは雲泥の差。アパートに住んでいるのは中流以上、まだ地下に住んでいる人もたくさんいました。

だから、お客さんは中流以上の人を狙っていきました。木曽屋にきても好きなものを好きなだけ食べられる人達。ランチメニューにしても、一般サラリーマンより上を対象に狙っていきました。

一番初めはかけうどん、何も入っていないうどんで二七〇〇ウォン。当時カルクスは五〇〇ウォン、高いところでも一五〇〇ウォンでしたからね。だから木曽屋にくるお客さんは運転手付きで乗り付けてきてましたね。駐車場に並んでるのはみんな外車でした。女性はおしゃれして、男性はネクタイしてでもね、お客さんがうどんを残して行くんですよ。美味しくなかったんでしょうね。

高級車でうどんを食べにくる人は、間違いなく日本でうどんを食べたことがある人達。日本で美味しいうどんを食べたことあるから食べにくる。もう美味しくなかったら残していくんですよ。日本と同じように作ってもこちらの材料を使ったら味が変わるでしょ。もうそうなったら、韓国でできないものは日本でやるしかないから、日本でかつおはかつおエキス、昆布は昆布エキス、材料のストレートのエキスを作って韓国でミックスすることにしました。

本当にうどんと格闘で、半年間うどんの研究ばっかりでした。そうしているうちにお客さんの反応は変わりましたね。それ以来残していくお客さんはいませんでした。始めてから一ヶ月過ぎてからようやく軌道に乗りました。第二店舗はその年の一一月。それからは年間三店舗から、四店舗のペースで増えていきましたから。まあ、今は市内に二〇店舗くらいですから、減りましたけど、退社する時には二七店舗くらいありましたからね。

退社の理由？　私が辞めたのは会社を作ってから一二年、九九年ですね。私の父が亡くなり、兄が亡

▲勉強熱心な若き社長に手取り足取り商売のいろはを教え込む。店の成長が楽しみだ

くなり、後を継いだのが兄貴の娘のだんな。当然、人が変わってくると内容も変わってきますから…。私とは経営方針も違って、私も無理しているつもりもなかったから辞めたんです。

その頃はまだ、アパートの契約も残ってましたしね。ゆっくりしようかと思ってたんですけど、こちらに一〇年以上いましたら、いろんな友達もできてますから「うどん屋をやりたい人がいる」とか、「うどん屋をやってるけど、うまくいかない人がいる」とか、いろんな話が入ってきたんです。別に看板をかけたわけでもないんだけど、口利きでコンサルティングの仕事が入ってくるんですね。

ここのうどん屋もそうですよ。ここは九九年からコンサルティングしてましてね。ここの社長は本当にうどんに詳しいんですよ。昔、パン屋にいて、そのパン屋にはうどん部門があって、そのうどん部門の責任者だったわけ。

私がまだ木曽屋の代表をしてる時、確か九四年か九五年だったかなぁ。「私のうどんを見てください」って、うちにうどんを持ってきたんですよ。「韓国にもこういう人がいるんだな」ってびっくりしました。そういう人はね、研究熱心、美味しい物を作らせるのに心配がないんです。うどんに関しては私よりもよく知ってるんじゃないかなぁ。でもうどんはよく知ってるけど、店舗はまだやったことがないでしょ。未経験だから、彼と仕事を始めることにしたんです。

私のところにはいろんな依頼がきますよ。でも、どんな仕事でもあればいいってもんじゃなくて、「どういう人がやっていくのか」それによって判断してます。断ることもあります。私もやるからにはいい加減なことをしたくないですから、「一店オープンしたい」という要請があれば、インテリアから厨房の設計のアドバイス、全部します。ちゃんと商売できる基礎を作ってやらなきゃいけないと思ってやってます。でも私が離れてからは社長の頑張りですからねぇ。

ソウル市内だけだったらコンサルティングした店は四〇店舗近くありますよ。現代（ヒョンデ）デパートも、新世界（シンセゲ）デパートも殆ど入ってますから。喫茶店で「ラリ」ってご存じですか？「カフェラリ」。あそこも私がコンサルタントしたコーヒーショップなんです。ソウルでも一番か二番の人気ですよ。あそこは接客マナーもいい。コーヒーの味もいい。あの店は日本の店をモデルに作りまして、喫茶店が「自分の店でケーキを焼いて、だす」っていうのはあそこが初めてなんですよ。フランチャイズとしては四、五店舗ありますよ。私は喫茶店は得意中の得意ですから。

私、子供のころから親父に商売を叩き込まれましてね。小学校一、二年生の頃には早く起きて親父と一緒に市場へでてね。それで楽しみだったのは市場じゃなくて、親父が必ず行く喫茶店。そこでコーヒー飲むのが楽しみになっちゃって。ほら、朝喫茶店に行くと、パンがついてるでしょ。モーニングで。親父はモーニング食べないんだけど、そこのお客さんはみんな知り合いだから、パンくれるのよ。それが五枚とか六枚とかになってそれを持って帰るのが楽しみだったなぁ。当時は喫茶店なんて洒落ててね。「明治屋」って名前だけでも洒落てるでしょ。コーヒーもハイカラで…。

それがあったから、どうしても自分で喫茶店をやりたくて、二一歳の時喫茶店をやったんです。ありふれた店はいやだったから、茶室を作って、もちろんコーヒーもだしたけど、抹茶を主にした喫茶店。これがもの凄い評判になった。当時コーヒーが安いところで三〇円。高いところでも五〇円だったんだけど、私のところは一五〇円。それでもお客さんには受けてね。それはいかに店作りをするかってことだったんですよね。その当時から、アイデアを出してコンサルティングみたいなことはしてたんだねぇ。

私いくつに見えます？　六四歳。本当は六五歳までソウルにいて、その後は日本に帰ってのんびりしようかと思ってはいたんです。あと半年で六五歳なんですけど、今はその考えはありません。私は生まれてから、仕事というのを親父から教育されてますから、商売が、水商売が根っから好きなんですね。厨房の中にいれば、皿も洗うし、何でもします。それが好きなんです。仕事というのはね、自分が好きなものじゃなくちゃだめなんです。まだまだ、体力には自信がありますから、体が続けば、仕事さえあればやって行くんじゃないですか。フランチャイズのアドバイス、新店舗のアドバイス、できることは何でもやっていきますよ。

あとがき――雨音は「パジョン」のしらべ

私は末っ子である。しかも父が年を取ってから生まれた子であり、兄とは一〇歳も年が離れている。当然、溺愛されて育てられ、末っ子の旨みを十分に知り尽くしていた私は、「わがまま放題、し放題」で自分のエゴは存分に通し続けてきた。年頃の娘になってからも、社会にでてからも、仕事ができるキャリアウーマンの「姉御」を探してはへばりつき、仕事のコツ、人間関係をそつなくこなす法などを根掘り葉掘り聞かせて頂き、おしゃれなレストランなどでちゃっかりとご馳走になっていたりした。わがまま放題の私とはいえ、多少の社会的配慮くらいは心得ていたし、何しろすりより上手なため随分とお姉さん方にはかわいがって頂いた。先輩方の名前も苗字にねえさんをつけ「〇〇ねえさん」と呼び続けていた。だが、そんな世渡り上手な私が韓国にきたらどうも調子が狂う。韓国にきた途端、韓国人の女の子が私のことを「オンニ、オンニ（お姉さん）」と呼び、食事の際には私に全て会計を任せる。生まれて初めての経験である。私は人に世話をしてもらうのは大好きだが、人の世話をするのは大の苦手だった。

韓国には「ワリカン」という制度がない。今なお儒教の教えが強く残っている韓国は完全な縦社会。強き者、弱き者。富める者、貧しき者。大人、子供。自分を基準に相手が上か下かを瞬時に見分け、自分の立ち位置を見つけなければならない。つまり守る者と守られる者がきっちりと分かれているのだ。

おそらく私が「オンニ」と慕われてしまった理由は、年齢と国籍にあったと思われる。年齢に関しては「学生」というには少々年をとり過ぎていたし、お金持ちの国ニッポンからきた私は無条件に富める者と認識されてしまったらしい。まったくはた迷惑な話である。日本国籍を持ち、社会経験があったとはいえ、私はただの留学生。貧乏学生なのである。韓国人と食事をするたびお財布の中を心配し、けれどもこっちも見栄がある。「金がない」とは口が裂けても言わなかった。いや言えなかった。

韓国に出張できた大企業の社長にこんな話を聞いたことがある。ある日、韓国の若きベンチャー企業の社長とプライベートで飲みにでかけたそうだ。韓国の若き社長は韓国では高級品である洋酒を次から次に頼み、飲みきれないほどふるまってくれた。もうさすがに酔っ払ったと会計を済まそうとすると、その社長が「自分に持たせて欲しい」と言い張るのだそうだ。言葉に甘えてご馳走になり、タクシーで帰ることにした。すると今度は外国のタクシーでは不安だろうと運転手にしっかりと行き先を韓国語で伝え、料金まで先に渡してしまったという。その日本の社長は宿に着くなり、お礼の電話を入れたが、どうも電話の様子がおかしい。「まだ飲んでいるの？」と訪ねると、「お会計をして、タクシー代を払って、お金がなくなったので、私は歩いて帰っています」と言ったそうだ。このような話は韓国ではよく聞く話だ。韓国にやってきた外国人を精一杯もてなしてやろうと奮発して自分は何キロもの道のりをてくてくと歩いて帰る韓国人の話。

そんな韓国人を見て、外国人は「韓国人はお人よし」という言葉をよく口にするが、私は少し違うと思う。昔から外国からの侵略におびえ続け、いつも外国コンプレックスに悩まされてきた韓国人は、自分の持てる全てを投げだしてでも、強き者、守る者として外国人をもてなしてあげたかったのではないだろうか。それが彼らの見栄だったのではないかと思う。

韓国の梅雨は日本のようなしとしと雨ではない。バケツをひっくり返したようなザーザー雨が長時間降り続く。私が韓国にきて初めての梅雨が始まったころのことだ。我が家に何度も何度も無言電話が掛かってきた。しかし無言電話など対処のしようがない。さほど気にも留めず外にでることにした。すると家の前に近所の「ウリスーパー」のおばちゃんが立っていた。スーパーといっても名前だけ、町内によくあるような小さなよろず屋のおばちゃんだ。おばちゃんは胸にしっかり包みを抱え、片手には激しい雨に打ち付けられフラフラとしている雨傘を必死に支えて立っていた。「どうしたの?」と訪ねてみると「ヨシコにパジョンを持ってきた」と言うではないか。おばちゃんの話によると、韓国では雨の間は買い物に行けない。冷蔵庫の中にある野菜や肉の余り物を使ってお好み焼きのような食べ物、パジョンを作るのだということだ。おそらく買い物にでられないであろう私を気遣い、おすそ分けをしてくれたのだ。ようやく無言電話の主がわかった。ウリスーパーのおばちゃんだ。「もしもし」と私が思わず日本語で電話にでてしまったために、おばちゃんは戸惑って電話を切ってしまったのだ。おばちゃんは見ていた。毎日ラーメンを一袋だけ、トイレットペーパーを一つだけケチケチと買って帰る私のことを。そして、貧しき、弱き留学生として見守っていてくれたのだ。そのとき以来、私の韓国での「姉御」は決まった。

韓国はこんな国だ。日本人の私には執拗なまでの上下関係が息苦しい時もあるが、弱き者には必ず誰かが手を差し伸べてくれる懐の深い国。一癖も二癖もある疲れる国だが、必ず約束できることは誰かが必ず助けてくれること。そして、決して一人ぼっちにさせない国だということ。私だけに留まらず、本書に登場してくださった一七人の日本人もみなさん同じような経験を持っていらした。これから、韓国で生活をする方、今韓国でつらい経験をしている方、ちょっと隣の人に声をかけてみて欲しい。パワー溢れる韓国人が、韓国で働く逞しき日本人が、きっとあなたを助けてくれることだろう。

最後となりましたが、本書を書くにあたりインタビューに応じてくださいました一七人の皆様に心から感謝を申し上げます。この取材の間、人から人へとご紹介いただき、豊かな人生を謳歌する皆様にお会いすることができました。録音テープを聴きながら、時には笑い転げ、時には考えさせられ、私自身、韓国で暮らす日本人として大変勇気付けられました。また、細かな生活情報を教えてくれた行年恵弥さん。カメラ片手に応援してくれた崔訓碩氏。叱咤激励してくれたアナウンサー時代からの親友、澤友香さん。心配しながらも私を韓国に送り出してくれた母とこの本の完成を見ることなく他界した父。遅れがちな原稿を気長に待ってくださった「めこん」の戸塚貴子さん。この本の制作に携わってくださった全ての方にお礼を申し上げます。そして最後まで読んでくださった読者の皆さまに…。

「カムサハムニダ」ありがとうございました。

笹部佳子

海外へ飛び出す③
working in KOREA

information

めこん

INFORMATION ■ 目次

旅立つ前に

日常生活

住まい

仕事を探す

ビザ

交通

運転免許

銀行

電話とインターネット

健康管理

韓国語

旅立つ前に

「文字が読めないだけで全く日本と同じだ」、初めて韓国を訪れた日本人が必ず口にする言葉。町並みも通り過ぎる人達もそっくりな韓国は旅行者に日本の延長のような錯覚すら起こさせる。しかし、実際に韓国に滞在する日本人の中には、その錯覚から抜けきれず文化、風習、思考の違いに悩み韓国を去る人達が多いのも事実だ。韓国へ旅立つ前の心構えはただ一つ。「外国へ旅立つ」という意識を持つこと。先入観を解き放ち、お隣の国「韓国」とがっぷり四つに組み合えば、生活者の目に鮮明に映し出される文化の違いも「韓国生活の醍醐味」として存分に楽しめる。そして、そうやって身に付けた一つ一つの新しい経験がより豊かな韓国生活を作り出してくれることだろう。

❶ 日本からの荷造り

韓国の気候は日本と同様に四季があり、冬の寒さを除けば気温もそんなに変わらない。衣類は日本で着ていたものを持ってきてもいいだろう。日本の食品もソウルのデパートでは味噌やしょうゆのような調味料からカレーのルーやドレッシング、かつお節なども売っている。

来韓当初は住む所を探したり、引っ越しなど、移動することを考えて、荷物を全て持ってくるのではなく、当座の生活に必要な身の回り品のみを持参することをおすすめする。必要なものは住居が決まった後、日本の家族に送ってもらう方がいいだろう。荷物は郵便局、国際宅急便などを利用し送ることができる。中でも格安の手段

としては船便が有効。航空便は高額なため急ぎのものは直接持ち運ぶほうが時間もかからず経済的である。

日本から持参した方がよい物

・**薬品**（薬品の成分がわかれば韓国でもほとんど入手できる）
・**パソコン**（ただし、変圧器が必要）
・**パソコンの日本語用ソフト**（韓国語のソフトもあるが日本語の OS にインストールすると文字化けすることが多い）
・**プリンターのインク**（プリンターを持ち込んだ場合。韓国でも販売されている機種なら韓国でも購入可能）
・**ファックス**（韓国は家庭用ファックスが一般的でないため、日本の物より大きく、性能も劣る。日本でも頻繁に使っている人は持参した方がいいだろう。その際、インクやロール紙など消耗品の予備もお忘れなく）
・**カメラ**（使い捨てカメラ、デジカメなど、カメラは日本の方が安い）
・**辞書**（韓日辞書は日本で買うと高いが、小学館から出ているものが一番使いやすい。韓国でも日本語書籍を扱う本屋で購入可能）
・**韓国語の参考書、文法書**（韓国でも出版されている物があるが、英語の物が多い。日本から持参した方がいいだろう）
・**ガイドブック**（地図や路線図などが日本語で書いてあるものを持ってくれば、来韓した当初は役に立つだろう）
・**卒業証明書**（大学への進学や就労ビザの手続きの際に必要となる。なお、英文の証明書を準備するのがよいだろう）
・**化粧品**（韓国の国産品は香料がきつかったり、肌に合わない場合もあるので初めのうちは日本で使っていたものを持参する方がいいだろう）
・**コーヒーなどの嗜好品**（韓国はコーヒーや紅茶が輸入品扱いになるためか、値段も高く、デパートでなければ手に入らない）
・**インスタント食品等**（カレーやラーメン、ふりかけ、味噌汁など持っていれば、辛い物に疲れたときに安心）
・**現地で世話になる韓国人への土産**（きれいに包装された和菓子や煎餅などが喜ばれるだろう）

韓国に長期滞在する日本人のほとんどが１年に１回以上帰国している。持ってくるのを忘れた場合は、リストアップしておいて、一時帰国の際に買ってくればいい。

現地で購入した方がよい物

- **日用品**（1000ウォン、2000ウォンの均一ショップもある）
- **衣類**（韓国の服が気に入れば、安価なものも多い）
- **電化製品**（韓国は220Ｖなので日本製を使うには変圧器が必要。リサイクルショップもある）
- **変圧器**（韓国の方が安い）
- **食器**（日本の瀬戸物も売っている）
- **文房具**（日本製が韓国でも人気。値段も定価とほぼ同額）
- **携帯電話**（日本のものをローミングして使うことも可能だが、長期滞在には向かないだろう）
- **デスクトップパソコン**（日本語環境にすれば十分使える。値段は日本よりやや高めだが持ってくる手間を考えるとこちらで買った方がいいだろう）
- **眼鏡、コンタクトレンズ**（韓国の方が安い）

❷ 入国の際のビザ

日本人が観光を目的とした30日以内の滞在をする場合ノービザで入国できる。しかし、30日を超える語学研修、営利、就労目的の場合は別途ビザが必要になる。観光のノービザで入国した場合、国内で滞在期間の延長ができる。入国した日から数えて90日までの滞在が可能となる。ビザの種類を変更する場合、一度出国しなければならない場合と国内で手続きが可能な場合があるので注意が必要だ。

ビザは在日韓国大使館または総領事館で申請後、無料で発給される。種類により往復の航空券や通帳の残高証明を求められることもある（詳しくはP.60「ビザ」のページを参照）。

観光等の短期滞在査証で入国（ノービザでの入国を含む）し、日本料理店等で働いている事例などが見られるが、違法滞在については取り締りが行なわれており、違反者には出入国管理法により３年以下の懲役もしくは禁固または1000万ウォン（約100万円）以下の罰金が科せられる。不法滞在、不法就労などで摘発されないよう、韓国の入国管理法を理解し、十分注意したい。

日常生活

❶ 韓国の物価は本当に安いか？

韓国は物価が安いと思われているが、最近の物価上昇には目を見はるものがある。観光客なら安さを感じられるだろうが、ウォンで給料を受け取り生活を始めると物価が安いとは思えなくなるだろう。日本円に換算すると1000円程度の１万ウォン札が最高額の紙幣だというせいか、１万ウォン札が財布からでていく時には1000円以上の重みが感じられる。

韓国の物価は日本より安いかどうか以下の表を参考に考えてもらいたい。

一概に日本の物価と比較することはできないかも知れないが、日本と比べて格段に安いのは交通費だろう。日本の３分の１程度だ。食堂で食べる韓国式のメニューは日本の３分の１程度と安い反面、洋食は日本とほとんど変わらない感がある。生活必需品に至っては日本よりも割高だという印象を受けるかも知れない。

また、野菜などの生鮮食品は日本のように個別包装や切り売りはほとんどしていないので、一人暮らしの人も大量に購入しなければならないため割高感がある。ベーコン、チーズ、ワインなども日本に比べてやや高めだ。テレビ、パソコンなどの電化製品も日本の方が１割以上安い。家賃も日本と比べて安いとは言えない水準だ。

実際に生活を始めてみると、「生活費は日本とそんなに変わらない」という印象を受けるだろう。このことはアメリカのコンサルティング会社(マーサー・ヒューマン・リソース・コンサルティング)が世界144都市を対象に行なった物価調査の結果、ソウルが８位に

市内バス（市内均一料金）	70
市内地下鉄（1区間）	70
鉄道ソウル－釜山間（約450km）セマウル号	3,360
国内線飛行機（正規運賃）ソウル－釜山間	6,500
卵10個	190
米10kg	2,900
ベーコン（180ｇ）	400
トイレットペーパー（50ｍ×24ロール）クリネックス	1,260
インターネット（ADSL）	3,500
テレビ（21インチ・フラット）ＬＧ製	35,000
パソコン（ペンティアム４・２Ｇ・15インチＴＦＴモニター）サムソン製	156,000
軽自動車（796cc・オートマ・エアコン付）ＧＭ大宇（デウ）自動車	800,000
ガソリン１ℓ	130
ファミリーレストランでの夕食 ハンバーグステーキセット	1,800
ランチ（チゲ＋ごはん＋おかず３種）	300
クリームパン	70
カルビ１人前	1,500
コカコーラ（250mℓ）自販機での値段	60
スターバックス（カフェラテ・ショートサイズ）	300
マクドナルド（ビックマック）	330
ハードカバーの小説本	800～1,000
銭湯の入場料	300

＊単位は円。１ウォン＝0.1円で換算

ランク付けされたことからもわかるだろう。ちなみに、1位は東京、以下モスクワ、大阪、香港、北京と続き、ニューヨークは10位だった。

❷ 買い物

ソウルに住んでいる限り、買い物をする所には不自由しないだろう。昔からの市場、商店街、マート（大型スーパー）、デパート、コンビニ、クモンカゲ（2～3坪の狭い店に食品から洗剤まで何でもそろう「よろずや」のような商店）などが至る所にあるからだ。

野菜を買うなら市場が安いが、「グン」(野菜は400ｇ、肉は600ｇ）という単位で売り買いされる。1人暮らしの人が少量を買うには向かないかも知れないが、見物するだけでも楽しい。肉や野菜を計り売りしているのはデパートや大型マートだ。必要なだけビニールに入れて重さを量ってシールを貼ってもらうだけでいいので、韓国語に自信がない人にもおすすめだ。

ティッシュや洗剤などを安く買えるのはマートだ。ソウル市内や市内から少し離れた郊外に、ＥマートやＬＧマート、ロッテマート、カルフール（韓国ではカルプと呼ばれている）などがある。週末には家族連れが車で乗り付けて、大量に買い物をしていくので周辺道路まで混雑する場合がある。ただし、ここでもまとめ売りなので1人暮らしの人には量が多すぎるかも知れない。

雑貨を買うなら、100円ショップならぬ千両（チョンニャン）ハウスと呼ばれる雑貨屋がある。日本のように価格が均一ではなく、日本に比べるとやや高めだが、家庭内の雑貨はほとんどここで揃う。

衣料品を安く買うなら、東大門にあるミリオレやトゥサンタワーなどは日本でもおなじみだろう。しかし、最近は物価の高騰や、販売制度が正札制になり、値切ってもまけてくれないなど、安さはあ

千両（チョンニャン）ハウス

まり感じられないようになってきた。韓国語ができる人なら東大門周辺にある卸売り市場がおすすめだ。光熙（クァンヒ）市場や平和（ピョンファ）市場などがあり、卸売り中心だが、小売りもしている。

リサイクルショップではテレビや冷蔵庫といった家電から、机やタンスなどの家具類まで何でも揃う。ただし、送料は自己負担。家電は当たりはずれが大きいが、短期の滞在者やどうしても安くあげたい人にはおすすめだ。各区ごとに再活用（チェファリョン）センターが設けられている。また、大学構内の留学生用の掲示板や在韓日本人の書き込みが多いサイトなども活用しよう。

【市内の主な専門市場】

京洞（キョンドン）**市場**

漢方薬を買うならここ！

地下鉄１号線「祭基洞（チェギドン）駅」下車２番出口

中部（チュンブ）**市場**

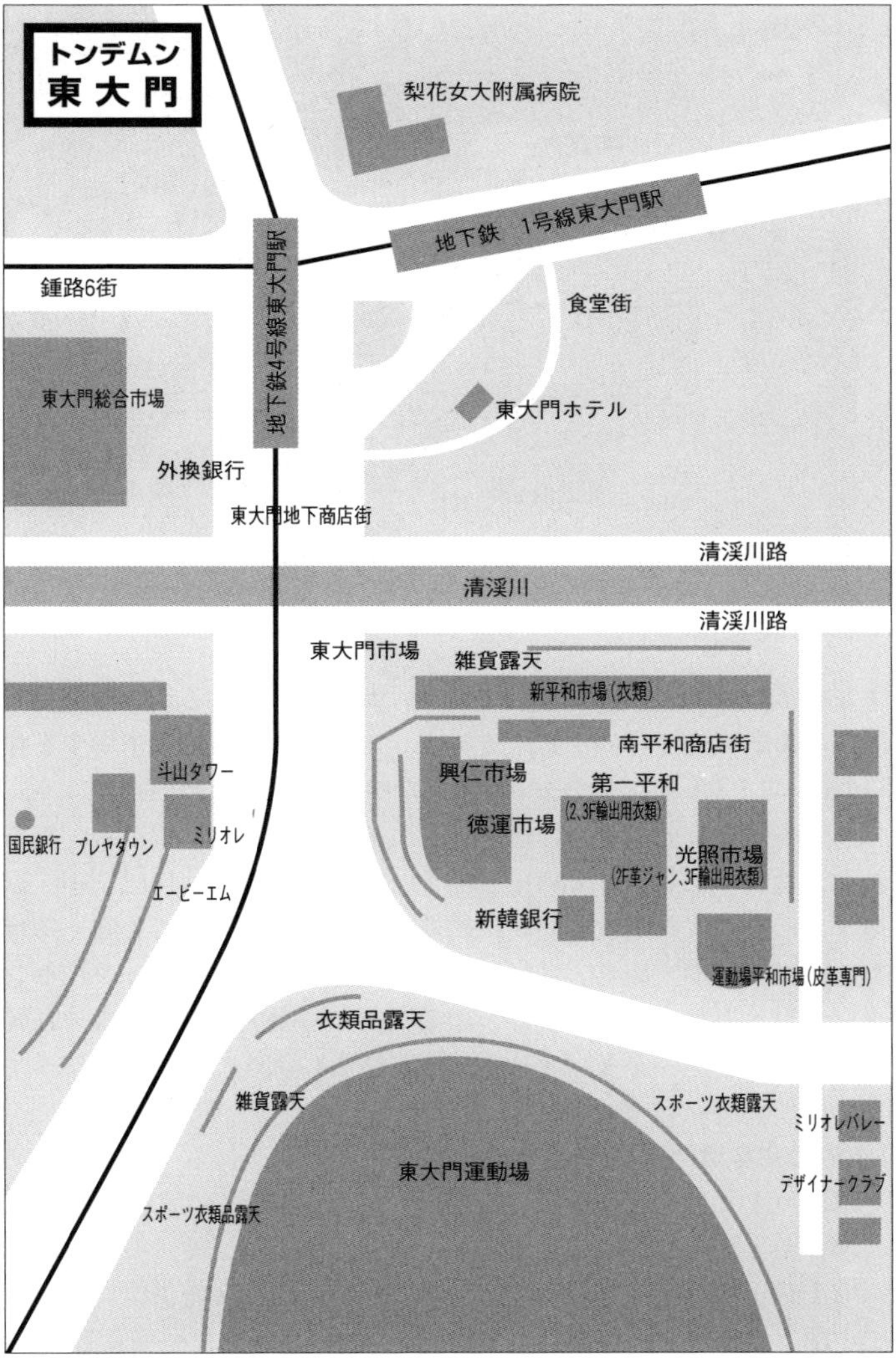
トンデムン
東大門
梨花女大附属病院
地下鉄　1号線東大門駅
地下鉄4号線東大門駅
鍾路6街
食堂街
東大門総合市場
東大門ホテル
外換銀行
東大門地下商店街
清渓川路
清渓川
清渓川路
東大門市場
雑貨露天
新平和市場（衣類）
南平和商店街
斗山タワー
興仁市場
第一平和
（2、3F輸出用衣類）
徳運市場
国民銀行
プレヤタウン
ミリオレ
光照市場
（2F革ジャン、3F輸出用衣類）
エービーエム
新韓銀行
運動場平和市場（皮革専門）
衣類品露天
雑貨露天
スポーツ衣類露天
ミリオレバレー
東大門運動場
デザイナークラブ
スポーツ衣類品露天

南大門市場
日本からのバイヤーも多く利用する衣類の卸し市場。

乾物類を買うならここ！
地下鉄２・５線号「乙支路４街（ウルチロサーガ）駅」下車７番出口
竜山電子商街（ヨンサンチョンジャサンガ）
韓国最大の電器屋街。秋葉原や日本橋によく似ている。
地下鉄１号線（国鉄）「竜山（ヨンサン）駅」下車
地下鉄４号線「新竜山（ヨンサン）駅」下車
可楽洞農産物（カラクドンノンサンムル）**市場**
国内最大の農水産物市場
地下鉄８号線「可楽市場（カラクシジャン）駅」下車
麻浦農水産物（マッポノスサンムル）**市場**
青果市場やスーパーも併設されている。向かいにはカルプや映画館も。
地下鉄６号線「ワールドカップ競技場駅」下車

【マート】

eclaire（イークレール）

地下鉄の駅からすぐなのでとても便利。食品売り場は夜11時まで営業。

Tel：02-326-0101

地下鉄２号線「新村（シンチョン）駅」８番出口

Ｅマート恩平店

食料品から家電まで何でも揃う。オリジナルの雑貨が売り。夜11時まで営業。

Tel：02-380-1234

地下鉄６号線「鷹岩（ウンアム）駅」下車

【デパート】

ロッテ百貨店乙支路店

地下食品コーナーには日本をはじめ海外からの輸入食材が売られている。

営業時間は10:30〜20:00。市内には蚕室店、清涼里店もある。

Tel：02-771-2500

地下鉄２号線「乙支路入口（ウルチロイプク）駅」下車

現代デパート木洞店

デパートらしく高級品中心の品揃え。営業時間は10:30〜20:00。

市内には新村店、狎鴎亭店、貿易センター店などがある。

Tel：02-2163-2233

地下鉄５号線「梧木橋（オモッキョ）駅」下車

【コンビニ】

深夜営業あたり前の個人商店は、眠らない街ソウルで営業するコンビニの最大のライバル。そこで韓国のコンビニ業界では既存の商品との差別化、同業他社とのサービス合戦が外資系、国産ブランド入り乱れて繰り広げられている。おもなブランドは日本でもおなじ

ファミリーマート
宝くじの販売や24時間利用可能なATMの設置など生活バックアップサービス路線を展開

セブンイレブン
豊富な品揃えはダントツ。韓国人の熱い支持をうけ、国内NO.1の店舗数を誇る

LG25
財閥系企業、LGグループが運営するコンビニ。国内ブランド最大手の実力派

バイザウェイ
純国産ブランドのコンビニ。韓国人の生活に密着した品揃え。日用品やギフトセットなどが豊富

みのファミリーマート、セブンイレブン、ミニストップ、国産ではバイザウェイ、LG25などがある。日本とちがう点は、コピー機がないことで（コピーは文具屋）、店内にカウンターやテーブルがあり買った物をその場で食べられること。また、どの店でも酒類が販売されているのが特徴だ。

【リサイクル】

麻浦区新村センター

品揃えも豊富で購入から６ヶ月の保証付き。インターネットでは各区のリサイクルセンターの情報がみられる。

http://www.allused21.co.kr

Tel：02-713-7289
地下鉄２号線「新村（シンチョン）駅」下車６番出口徒歩10分

❸ 食事

韓国での食事でまず驚くことが、その量の多さだろう。ほとんどのメニューにはおかずが３品以上付く。そのうえ、お代わりも自由だ。そしていつでもキムチは基本だ。韓国と言えばチゲやカルビが有名だが、韓国人も毎日食べているわけではない。ここでは１人でも気軽に食べられるメニューを紹介しよう。

まず、チゲなどの汁物とご飯、おかずがいくつか付いた定食。3000～5000ウォン程度で食べられ、サラリーマンの朝食向けに朝早くから営業している店も多い。

小腹がすいたときにプンシクチブ（粉食屋）や、露店で食べる間食は本当においしいものだ。プンシクチブのメニューはキンパブ(海苔巻き）やうどん、マンドゥー（餃子）など軽食からチゲ類まで種類も豊富だ。1000～3000ウォン程度で食べられるので、学生に人気がある。露店では焼き鳥、トッポッキ（米粉で作った餅をコチュジャンソースであえたもの)、オデン（韓国でオデンと言えば日本の練り物を指す）などが人気メニューだ。学校帰りの高校生や会社の休憩時間などに利用する会社員の姿が目に付く。

日本にも屋台があるように、韓国にもポジャンマチャと呼ばれる屋台がある。ポジャンマチャは主に夕方から営業を始めるところが多く、ククス（煮麺）から刺身、焼き鳥などメニューも豊富だ。ソジュ（焼酎）を片手に仲間と語り合う姿がよく見られる。値段は１万ウォン台が中心でやや高め。しかし、露店や屋台はあまり衛生的とは言えないので、胃腸が弱い人は夏場の利用を避けよう。

韓国にもファミリーレストランと呼ばれるレストランがあり、若

キムチチゲ
韓国の定番定食「キムチチゲ」。お変わり自由のおかずにご飯がついて3500ウォン前後。プンシクチブメニューの代表選手だ

者や家族連れに人気がある。値段は１人１万〜３万ウォン程度とやや高めだが、韓国料理に飽きたら行ってみよう。

　また、一人暮らしに強い味方のインスタント食品も種類が豊富で、日本では味わえないもののひとつ。

▲ずらりと並ぶインスタント食品

▲カルククス。韓国のうどん

❹ 韓国人の給料は？

2002年９月１日～2004年８月まで適応される法定最低賃金は１時間あたり2510ウォン、１ヶ月換算56万7260ウォンとなっている。実際、ファーストフードやコンビニの求人をみても時給2000～3000ウォンというのが主流だ。大卒の初任給は平均年俸1900～2300万ウォンなので、手取りの月給になおすと145万ウォンといったところだ。業種により多少のばらつきがあるが、課長クラスで年俸3500万～4000万ウォン、部長クラスで4000万～5500万ウォン程度だ。給料は年俸を12で割って月々一定額を受け取る場合と、ボーナスを年に４回～６回に分けて月給とは別に受け取る場合があり、会社によって異なる。

家賃節約のため、韓国人の多くは、遠くても自宅から通ったり、親戚の家に住んだり、部屋を友達とシェアしたりしている。自宅から通勤する場合は貯金をする余裕もでてくるだろう。韓国の会社は交通費が支給されない代わりに、昼食費が食券、もしくは現金で支給される。

中小企業や個人経営の商店、事務所などで働く場合、大企業を基準にした上記のような給料をもらうのはなかなか難しいようだ。学院で専任日本語教師として働く場合、月給制と学生数による出来高払いがあるが、月給制の場合120万～150万ウォン程度といったところだ。

❺ 1ヶ月の生活費は？

では、ここで一例として来韓2年目の日本語教師Mさんの生活費を見てみよう。Mさんは韓国にきて2年目、日本語学院（学校）に就職して約1年が経つ。現在の月給は120万ウォン。3.3%の税金を引かれ、手取りは116万ウォンとなる。住居は学院の同僚とシェアしている。保証金は学院が払ってくれるため、40万ウォンの家賃と光熱費を同居人と半分ずつだしている。

朝食は朝の授業の後近くの食堂で済ます。昼食は学生と食べたり、自宅に戻って自炊したりしている。夕食は同僚と外食したり、家で自炊したりしているが、週末には友達と映画を見たり、ショッピングをしたりして外食をすることが多い。移動はもっぱらバス・地下鉄を利用、日用品や食材は近くの市場やデパートの地下で購入し、月に1度美容室に行く。昼間の空き時間を利用して英語の勉強に英語学校に通っている。

学院の給料が月給制なので、学生数によって月給が上下することはなく一定している。ボーナスはなく、景気がよければ盆正月の連休前に学院長からいわゆる「餅代」として10万ウォン程度が支給されることがある。

日本で会社勤めをしていたときと比べて給料は半分以下に減ったが、好きなことを仕事にすることができ、やりがいを感じている。反面、ＯＬ時代にボーナスで買っていた高級ブランド品などとは縁がなくなり、洋服もデパートでは買わなくなったという。また外食も多く交際費がかさむため全く貯金のできない状態が続いている。一生この生活を続けるわけにはいかないが、韓国人の情にふれ、やりがいを感じながら仕事ができるので今の生活には満足している。

生活費の実例：日本語教師Mさんの場合

収入：月給　手取り116万ウォン
支出：家賃　20万ウォン
　　光熱費　２万ウォン(冬にはオンドルのため４万ウォン弱かかることも)
　　電話代　５万ウォン（携帯電話・国際電話）
　　インターネット　３万5000ウォン
　　交通費　６万ウォン
　　食費　25万ウォン
　　交際費　20万ウォン
　　日用品　２万ウォン
　　教育費　８万ウォン（英語学院代）
　　美容院、化粧品、洋服代、本代　20万ウォン
合計：111万5000ウォン

❻ 日本人会

ソウルジャパンクラブでは日韓の交流、在韓邦人の交流を目的とし、個人活動や法人活動のサポートをはじめ、様々な行事を行なっている。

入会資格の基準は特になく、個人と法人を分けて募集している。個人の場合、入会費はないが、申し込み時に１ヶ月１万ウォンの会費を６ヶ月分前納する。入会希望者は下記の事務局を直接訪問し、備え付けの入会カードに記入し入会しよう。

ＳＪＣ（SEOUL JAPAN CLUB）事務局
ソウル特別市中区太平路1-25大韓毎日・プレスセンタービル８階
Tel：02-739-6962～3
http://www.sjchp.co.kr

❼ 日本語の書籍

韓国生活が長くなってくると日本語が恋しくなってくるだろう。そんなとき日本の本が買える、読めるところを紹介しよう。

教保文庫（キョボムンコ）

韓国最大の書店。日本の雑誌が発売日の２～５日遅れで入荷する。定期購読したい雑誌や書籍を注文して取り寄せることも可能。値段はレートによって変動するが２割～３割高。

光化門店　地下鉄５号線「光化門駅」下車
日本語書籍課　Tel：02-397-3646

江南店　地下鉄２号線「江南駅」下車６番出口
代表番号 Tel：02-530-0350

日本文化院

日本大使館が運営する図書館。新聞、雑誌などもあり、自習できるスペースやコピー機も設置されている。写真２枚(2.5×３㎝)と身分証明で会員登録を行なうと図書の貸し出しもできる。ビデオの閲覧やＣＤの視聴も可能。開館時間は9:00～17:00、土日祝日、第一月曜日は休館。

地下鉄３号線「安国駅」下車４番出口すぐ　Tel：02-765-3011

国際交流基金　ソウル文化センター

国際交流基金が運営する図書館。ビデオやＤＶＤの閲覧、雑誌の貸し出しも行なっている。蔵書数がやや少ない。日本文化院と同じく貸し出しを受けるには会員登録を行なわなければならない。開館時間は9:30～18:00、土日祝日は休館。

地下鉄５号線「光化門駅」下車６番出口徒歩５分　興国生命ビル３階
Tel：02-2122-2820

はみだしコラム①

屋台

韓国語で屋台は「ポチャンマチャ」。本来、ポチャンマチャとは「ほろ馬車」という意味で、ビニールシートをはりめぐらせた姿からその名が付けられたようだ。夕方になると屋台から元気なアジュンマ（おばちゃん）の声が響き渡り、ちょっと一杯と立ち寄るサラリーマン、学生で連日にぎわっている。こうしてソウルの夜はほろ馬車と共に更けていくのだ。ただし、観光地にある外国人向けのいわゆる観光屋台はかなり高いので気をつけよう。

おやつメニュー

ホットドック
さいの目切にしたくジャガイモといっしょに揚げた衣は、歯ごたえ十分

ホットク
黒砂糖の蜜を米粉が入った生地に包んで焼き上げる韓国の伝統菓子

ホットバー
魚のすり身の天ぷらを香ばしく焼き上げる。おやつにもおつまみにもピッタリ

じっくり味わう食事メニュー

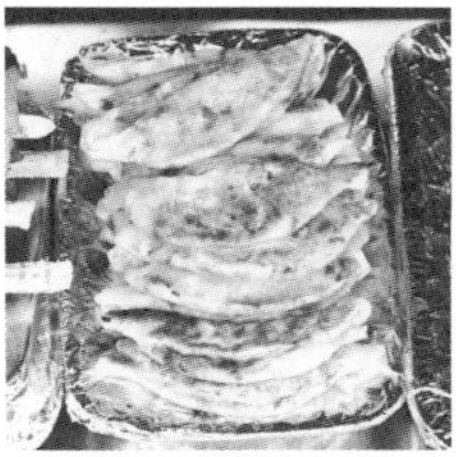

マンドゥー
ニラ、春雨がしっかり詰め込まれた餃子。プリプリとした歯ざわりが楽しい

パジョン
ゲソとニラ入りのお好み焼き。焼酎のお供に一番人気、屋台の定番メニューだ

コチ
韓国では焼き鳥だって20㎝級のジャンボサイズ。1本でも食べ応えあり

はみだしコラム②

看板

不慣れな韓国生活も看板を覚えておけば意外と何とかなるものだ。ハングルが難しければ、せめてデザインだけでも抑えておけば必ず役に立つはず。ここでは最小限知っておきたい看板を紹介しておこう。ちなみに韓国語で看板は「カンパン」と発音する。

緊急時に知っておきたい看板

警察。かわいらしいキャラクターが目印

薬局。ハングルで「薬」と書かれている

トイレ。イラストがない場合は「フアジャンシル」と言う文字を探そう

日常生活に役立つ看板

郵便局。赤い背景にツバメのマークが郵便局のシンボル

地下鉄入り口。地下道入り口との区別は看板の電車のイラストで

PCバン。出先での急な仕事も心配なし。24時間利用できるインターネットカフェ

トレンド分析・韓国の美容

美人が多いといわれる韓国では皮膚管理、足管理（足の矯正、痩身)、痩身、整形美容など、美を追求するためのスポットが日本とは比べものにならないほど充実している。また皮膚科や歯科など一般の病院でも、スキンケアやデンタルケアを行なっており、エステサロンに通う感覚で利用している。韓国女性の美容方は人によってさまざまだが、年齢を問わず、韓国女性ならば週に1、2度、習慣として利用するモクヨクタン（銭湯）やサウナでの「全身マッサージ」は事実上代表的な「韓国エステ」と言えるだろう。

韓国の女性達が好んで出掛けるのは「汗蒸幕（ハンジュンマク)」や「チンチルバン」と呼ばれる特殊なサウナ。「汗蒸幕（ハンジュンマク)」は韓国で古くから伝わるもので、今から600年前、李王朝の第4代国王、世宗（セジョン）大王が病気治療のために開発させたものだと伝えられている。これは、松の実を燃やした余熱を利用したサウナで特殊な石、黄土、塩などを積み上げた高温の釜（幕）の中でむしろをかぶりたっぷり汗をかくというもの。女性機能を整え、新陳代謝を促し、美肌効果があるそうだ。一方「チンチルバン」と言われるサウナは最近ソウルで流行しているもので、ドーム型の釜の内側にゲルマニウムやアメジストなどを埋め込み、その反射熱を利用するものや800度に焼いた麦飯石の放射熱を利用するものなどがある。チンチルバンの最大の特徴は男女混合で利用できること。ここでは熱の吸収がよい厚手のTシャツと短パンを着用するので抵抗感もなく、汗蒸幕に比べ低温のため若いカップルがサウナの中で一日中ゴロ寝デートを楽しんでいる。

いずれにせよ、サウナでゆっくり体をふやかした後はいよいよ女性達のお目当てマッサージ。通常全身マッサージは垢すり、石鹸マッサージ、オイルマッサージ、シャンプーまでがセットになったもので4万ウォン（4000円）程度。あくまでメインはマッサージで、日本人に人気の垢すりは準備体操のようなものである。まず石鹸で軽く洗い流し、次に全身の垢（角質）を綺麗に取り除く、そして経絡に沿ってつぼを刺激するオイルマッサージが施される。オイルマッサージは老廃物を流し、美肌、痩身に効果がある。さらにボディケアが終わると美顔へ移る。こちらもまた顔のリンパのつぼを指圧するマッサージでピアノを弾いているかのようなリズミカルなおばさんの指先から受ける刺激は格別だ。手際のよい美顔マッサージにかわってはパック。パックの下地には卵の白身や市販のヨーグルトなどが使われ、その上にキンキンに冷やしたキュウリのすり下ろしたものを置く。キュウリパックは綺麗になった毛穴を瞬時に冷やし、

肌理細やかな肌を作り上げる効果があるそうだ。ちなみにこれらの食品を利用した超自然派パックは家庭でもごく一般的に愛用されている。

さて、美顔パックをしている間はヘアケアタイムだ。シャンプーで汚れを落とした後、牛乳でヘアパック。こちらも、市販の牛乳ではあるが、髪の毛のきしみを押さえ潤いのある柔らかな髪を作り上げる。ここまでの工程で韓国エステは終了。マッサージを受ける人は食品まみれの人間サラダのような状態で美肌成分の浸透を待つ。

韓国の美容法は大忙しでエステという優雅なイメージとは程遠いものではあるが、韓国女性のプルプルとした白い肌を見るにつけその効果の程は絶大のようである。

健康に美容に大活躍の漢方

韓国での漢方は「韓方」と書く。韓国の土壌で育った薬草を用いることにこだわりを持つ表現法だ。最近日本でも日本の漢方を「和漢」などと呼び、日本独特の薬草の区別をしているが、日本の漢方薬との大きな違いは、民間療法や健康補助剤、サプリメントとしてではなく、ごく普通に病気を治す薬として用いられているところだ。病院で薬を貰って風邪を治すように、韓国人は漢方薬をのんで風邪を治す。つまり、西洋医学と同じような位置づけで東洋医学としての韓方を捉えており、街のあちこちに見られる韓医院（漢方治療をしてくれる病院)、韓方医をかかりつけの医者としている家庭も多く、また大学にも薬学部と同じように韓方専門の学科が設けられている。韓方はその人の体質にあった薬草を調合するため、副作用が出にくいとの定評がある。韓国漢方は古くから研究が行なわれており書物も多く残されている。約390年前17世紀に宮中医・許浚（ホジュン）によって書かれた「東医宝鑑」は、膨大な数の臨床実験を行ない作られた医学書で、内科、外科、皮膚科、小児科、薬剤に至るまで詳しく記されている。

もちろん韓方は滋養強壮や虚弱体質などの体質改善、いわゆる予防医学的な側面や美容でも珍重されている。漢方薬の需要が高いのは、体力の消耗が一番高まる夏の前。「未病を治す」という健康維持の理念が生活の中に漢方薬を息づかせているのだろう。

〈韓国の漢方に使われる主なもの〉

高麗人参（にきび・シミ・肌荒れ・老化を防止)、甘草（美白・消炎効果)、竹塩（殺菌・解毒)、ナツメ（緩和、強壮、利尿、鎮静)

トレンド分析・韓国のドラマ

似ているけれど何かが違う！ 今、韓国ドラマが受ける理由

2004年１月１日、韓国における日本文化の第４次開放が実施された。

これまで開かずの門とされていた日本文化は1998年の第１次文化開放を皮切りに段階を追って徐々に開放されてきた。今回の第４次開放では地上波における放送はバラエティー番組を除く生活、教養、映画番組などの放送が許可され、ケーブルや衛星放送にいたっては、影響力の大きさが危惧されてきた100%日本ブランドのドラマまで解禁される運びとなった。「近くて遠い国、日本」「決して好きになってはならない気になるお隣の先進国、日本」。そんな日本人の普通の生活が垣間見られる日本のドラマの解禁。パンドラの箱がついに開けられたのである。

文化開放によりケーブルテレビでは『踊る大捜査線』『ヤマトナデシコ』『東京ラブストーリー』などが放映されている。しかし、放送以来、話題沸騰と思いきや意外なほどに、禁断の果実「日本ドラマ」への視聴者の反応は冷めていた。もちろん、放送されているドラマは少々古く、リアルタイムで韓国ドラマを楽しむ視聴者にとって物足りないのも要因の一つであろう。

しかし諸事情を差し引いたとしても、友人いわく「日本のドラマってどこかしみったれてない？」。日本のドラマはつまらないのである。まず、ロケーションが単純であること。会社と自宅のシーンばかりで画面からの迫力がない。次に、喧嘩をしない。『東京ラブストーリー』のリカのように他の女性の影に気付きながらも、そっとカンチの心を推し量るようなけなげさはここでは通用しない。自分以外の女性に目を向けようものなら、大喧嘩をしてでも、自殺未遂をしてでも、恋人の心をつかまなければならないというのだ。そしてもう一

『スキャンダル』日本語字幕上映会。韓国語で質問するファンも続出

『冬のソナタ』グッズも売れ行き好調。イベント開始前から大混乱

『冬のソナタ』の主人公ペ・ヨンジュン。甘いマスクにファンはメロメロ
写真協力：IMX

つ、お金持ちが普通すぎるというのも不満らしい。

この友人の日本ドラマへの指摘からもわかるように、韓国ドラマは日本ドラマの対極にある。その特徴をまとめると、ロケ地は風光明媚な景勝地。恋愛はよりドラマティックに情熱的に。気恥ずかしいほどのストレートな台詞を口にし、一人の女性に命がけ、女性をフラフラにしてこそ恋愛ドラマ。カンチのようにあっちにフラフラ、こっちにフラフラしているようでは、ラブストーリーの主人公の資格はない。

次に悲しみのシーンにおける迫力。韓国ドラマではよよと泣き崩れる程度では許されない。怒りや悲しみは存分に表現する。自分の苦しみを最大限に訴えることにより相手の心を揺り動かす。そして視聴者の心も大きく揺り動かす。たまに、１人で泣いているシーンなども見かけるが、そのような時は残雪残る寒い海辺で、男性が腰まで海につかり頭をかきむしりながら泣き喚くといったものが多い。そして、叶わぬ恋に打ちのめされながらも、生涯彼女を思い続ける決意をするのだ。

さらに徹底しているのが勧善懲悪。ドラマには必ずお金持ちが登場する。お金持ちの自宅は押しなべてロココ調。生クリームを搾ったような真っ白な家具や調度品に囲まれ、最上級の衣装を身にまとい現れる。殆どの場合、主人公の男性の家が豊かであり、貧しいヒロインと恋に落ち、金と欲に翻弄される両親と純愛を持って戦うというケースも多い。そして、そのような困難の中、主人公のどちらかが必ず不治の病に倒れるか、交通事故に遭う。こうして、韓国ドラマは美しい背景も手伝ってより劇的に、よりロマンティックに作り上げられていくのだ。

日本で韓国ドラマ人気の火付け役となった『冬のソナタ（恋歌）』は高校２年生の女子生徒ユジン（チェ・ジウ）のクラスに転校生ジュサン（ペ・ヨンジュン）がやってくるところから始まる。お互い恋心を抱く２人。大晦日、２人はティーンネイジャーに人気のスポットでデートの約束を交わすが、ジュサンはついに現れずユジンの初恋はあえなく終わってしまう。それから10年後、ユジンは初恋の傷を引きずりながらも幼馴染と婚約。そんな彼女の前に現れたの

は、初恋の相手ジュサンに瓜二つのミニョン。婚約者とミニョンの間で揺れ動くユジンだが、そんなミニョンが不治の病に、そして失明の危機。甘く切ない悲恋の物語なのである。

このドラマで主人公を演じた男性俳優、ペ・ヨンジュンはいまや日本の主婦達のアイドル。「ヨン様」と呼ばれ、『冬のソナタ』が撮影されたロケ地、南怡島（ナミソン）ツアーは連日盛況。『冬のソナタ』の後、撮影されたペ・ヨンジュン初主演映画『スキャンダル』の日本語字幕上映会には日本から1000人近くの女性が押しかけヨン様旋風が吹き荒れた。

会場に訪れたファンは中高年層が中心。ヨン様の魅力は日本の若者にはない清潔感、気品溢れるソフトな立ち居振る舞いだと口々に言う。また、ドラマの魅力については、若者に迎合した日本のドラマとは違いゆっくりと心の機微を楽しめるところにあるそうだ。

クールでスタイリッシュな日本ドラマをお茶漬けにたとえるならば、韓国ドラマは、無骨だけれど食べ応えのあるビビンバッなのかもしれない。困難という複雑な具が強い個性を持って主張し合い、情熱という熱々に熱せられた石鍋はドラマを一瞬たりとも冷ますことなく、超二枚目の俳優達はコチュジャン(唐辛子味噌）で視聴者の目を覚ます。そして混ぜれば混ぜるほど具が絡み合い、新しい要素を生み出す。鍋肌に残ったおこげはお湯をかけヌルンチとしていただく。最後の最後までじっくりとその味を楽しませ、食後は満腹で動けなくなる。実際『冬のソナタ』は視聴者達の「主人公を死なせないでほしい」という声に応え、シナリオを次々に書き換えていったのだ。

韓国人は、好きなものは声を張り上げ「好きだ」と叫び、愛はいつも命がけ、

『冬のソナタ』のロケ地、南怡島。絵はがきのような風景が広がる恋人達にも人気のスポット

ドラマのヒット以降、アジア各地の観光客が押し寄せる

悲しむときは存分に悲しみ、喜びは最大限に表現する。これはドラマだけの話ではない。そんな韓国人の一途さ、熱さ、ひたむきさが似通った文化を持ち合わせる日本人の心に響いたのかも知れない。

いずれにせよ、あっさり味のお茶漬け文化に慣れ親しんだ日本人に、このビビンバッドラマの刺激は好評で、新しくも懐かしい韓国ドラマの味は今後しばらく人気を博しそうである。

【日本文化開放の歩み】

❶. １次開放（98年10月20日）

・日韓共同製作作品、４大国際映画祭（カンヌ、ベニス、ベルリン、アカデミー）受賞作品を開放。ビデオは劇場で公開されたものにつき開放。

・日本語版出版漫画および漫画雑誌を開放。

❷. 第２次開放（99年９月10日）

・劇場用アニメを除く映画の大幅開放。

・2000席以下の室内公演場での歌謡公演を開放。
（但し、公演の実況放送、レコードやビデオの販売は不可）。

❸. 第３次開放（2000年６月27日）

・「18歳未満観覧不可」の作品以外は全て開放（劇場用アニメ除く）。

・国際映画祭で受賞した劇場用アニメ、歌謡公演も全面開放。

・レコードは、日本語による歌以外を開放。

・ゲーム機用テレビゲームソフト以外のゲームソフトを開放。

・全てのスポーツ、ドキュメンタリー、報道番組の放送を開放。

❹. 第４次開放（2004年１月１日より実施）

【2003年９月に開放が決定された部分】

・映画は全て、ビデオは国内で公開されたものにつき開放。

・レコード（ＣＤ、テープ等）販売は日本語による歌を含め全て開放。

・ゲーム機用テレビゲームソフトを含め全て開放。

【2003年12月に開放が決定された部分】

・ケーブル・衛星放送・地上波放送

－ドラマは「12歳観覧可」の番組、共同制作ドラマにつき放送を開放。

－その他の娯楽番組（バラエティ、トークショー等）の放送は未開放。

・2006年に全て開放予定。

トレンド分析・韓国映画事情

文：山岸由佳

2000年、南北朝鮮の問題を取り上げた『シュリ』が日本公開されて以来、日本での韓国映画に対する見方は確実に変化しました。日本映画ではお目にかかれない派手なアクションや、日本映画が照れくさくて描写しないようなストレートな愛情表現が、韓国映画にはあります。

日本人と似たような顔の韓国人が、日本では作れない物語を見せてくれる、それが韓国映画の日本人にとっての魅力だと、私は感じています。

日本公開される韓国映画は増えていますが、単純に『シュリ』のヒットとサッカーW杯での盛り上がりが理由かというとそうではありません。韓国国内での映画産業そのものが変化し、良質な韓国映画が生まれているからなのです。

まず大きな契機の一つは、政府による映画産業に対する支援。映画学校設立、撮影所建設、投資資金支援。それから映画の内容に関する国内規制の緩和。そして、監督の世代交代。386（サンパルユック）世代という言葉があり、60年代生まれで80年代に大学時代を過ごした30歳代を意味します。韓国の時代の移り変わりを肌で感じてきた世代が、国内外で映画製作を学び、整った映画製作の環境で自由にその力を発揮する、という素晴らしい循環が今現在の韓国映画を作っています。日本の映画製作に携わる人々からすると、韓国映画を取り巻く環境はさぞうらやましいことだと思います。実際、番組『Movie Movie Seoul』のインタビューで監督さんに会うと、その若さに驚くことも多いです。

ただそんな韓国映画も、最近では飽和状態の兆しも見えます。安易なコメディが増え、巨額の製作費をかけ、人気俳優を使う。明らかにかつて人気を得た作品の二番煎じに見える作品が多いのも事実です。環境は整った。さあ、これからは中身で勝負！といったところでしょうか。

〈オススメ韓国映画ＢＥＳＴ５〉（2001年12月～2003年夏　現在）

毎週と言っても過言ではありません。ソウルの劇場では新しい韓国映画が次々と公開されています。もちろん、「韓国映画が今熱い！」とはいえ、すべてがクォリティの高いヒット作というわけではありません。実際は、全く人気がなく１週間で劇場公開が終わってしまい、大金をかけたにもかかわらず悲しい結末を迎える映画も少なくはありません。

私が韓国へきてから見た作品の中で、是非日本の皆さんに見てもらいたい映画を５本紹介しようと思います。単純に映画的に面白いものではなく、日本人だから面白い、韓国の文化を理解しようとする時に役に立つ映画を選んでみました。

タイトル	ジャンル	キーワード
殺人の追憶	2003年韓国公開 監督：ボン・ジュノ 出演：ソン・ガンホ、キム・サンギョン、キム・ルェハ ジャンル：ドラマ、ミステリー	韓国映画にソン・ガンホあり‼
ラスト・プレゼント(原題：贈り物)	2002年日本公開 監督：オ・ギファン 出演：イ・ジョンジェ、イ・ヨンエ ジャンル：ドラマ	不治の病‼
ウララ・シスターズ	2002年韓国公開 監督：パク・チェヒョン 出演：イ・ミスク、キム・ウォニ、キム・ミン、キム・ヒョンス ジャンル：コメディ、ドラマ	がんばれ、大韓民国の女性達‼
ライターをつけろ	2002年韓国公開 監督：チャン・ハンジュン 出演：キム・スンウ、チャ・スンウォン ジャンル：アクション、コメディ	ヤクザとアクションとコメディと‼
2009ロストメモリーズ	2002年韓国公開 監督：イ・シミョン 出演：チャン・ドンゴン、仲村トオル ジャンル：アクション、ＳＦ	恨の国‼

▲「ラスト・プレゼント」

▲「ウララ・シスターズ」

住まい

❶ 月貰（ウォルセ）と伝貰（チョンセ）

住宅事情における韓国の特徴は家賃の支払い方だ。賃貸の場合、ウォルセとチョンセの２種類がある。

ウォルセの場合、日本と同じように保証金を払い、月々決まった家賃を払う。家を出る時には保証金が全額返ってくるという点が日本とは異なっている。

チョンセは入居時に家の値段とほぼ等しい金額を一度に払い、家をでる時にその全額が返金されるというシステムだ。家主はその間、預かった保証金を運用して利益を家賃としているわけだ。金利が高い韓国ならではのシステムと言えるだろう。

また、場合によっては交渉により、ウォルセをチョンセにしたり、チョンセをウォルセにしたり、保証金の額と月々の家賃の額を調整したりすることが可能だ。例えば、チョンセで2000万ウォンの物件の場合、保証金1000万ウォンに月々20万ウォンの家賃にしたり、まとまった現金がない時には保証金500万ウォンに月々30万ウォンにすることもできる（その時の金利や家主側の事情によるので、すべての計算がこのとおりとは限らない）。

ウォルセの場合、ガスボイラーの故障から電球の交換まで、備品に関する費用はすべて家主負担となっている。トイレがつまるなど困ったことはすべて家主に相談して解決してもらおう。

❷ 住居のいろいろ

【アパート】

日本で言うマンションにあたり、韓国では人口の約40％がアパートに住んでいる。殆どが15階以上の高層マンションで、団地のように数棟が、時には数十棟が並んで建っている。広さは13坪（部屋数１～２）～60坪（部屋数４～）以上の超高級マンションまで様々だ。部屋の作りはほとんど似かよっていて、主寝室と寝室、居間、ベランダがあり、採光の面で工夫されているので家の中は明るい。30坪代のアパートにはトイレと浴室が２つあるところも少なくない。最近、アパートが不動産投機の対象となり値段が高騰し続け、韓国経済のバブルの一因となっている。政府が躍起になって価格を抑えようと対策をこうじているが、あまり効果が上がっていないようである。

竜山区東部二村洞には日本からの駐在員が多く住んでおり、日本語で対応してくれる銀行や日本人クラスのある幼稚園などがある。この地区はソウルでも家賃が高めのエリアで物件もアパートが中心。

東部二村洞の参考価格：Ａアパートの場合、25坪、チョンセ１億6000万ウォン。Ｂアパートの場合、24坪、保証金3000万ウォン＋ウォルセ90万ウォン。

【ビラ】

３～４階建ての集合住宅で、アパートよりは全体の規模が小さいが、内部の作りなどはほとんど変わらない。部屋数３～４のファミリータイプが主流。

ビラの参考価格：24坪、チョンセ8500万ウォン。28坪、保証金7000万ウォン＋ウォルセ50万ウォン。

【多家口（タカグ）・多世帯（タセデ）住宅】

３～４階建ての住宅で、家主が最上階に住み下の階を貸していることが多い。ベランダがなかったり、部屋の数や作りがまちまちで一定の基準がないため、アパート、ビラ以外のものがこれにあてはまると考えてもよい。広さは８～35坪程度。

【ワンルーム】

大学の周辺などに多く、日本のワンルームとほぼ同じだと思ってもいいだろう。最近は家具付きのところもある。

西大門区新村エリアの参考価格：12坪、保証金300万ウォン＋ウォルセ52万ウォン。12坪、保証金1500万ウォン＋ウォルセ40万ウォン。12坪、チョンセ5000万ウォン。

江南地区の参考価格：12坪、保証金500万ウォン＋ウォルセ60万ウォン。12坪、保証金3000万ウォン＋ウォルセ40万ウォン。10坪、チョンセ7000万ウォン。

【下宿】

日本にはほとんど見られなくなったが、韓国の学生にはまだまだ一般的なスタイル。部屋の広さはまちまちだが４～８畳程の部屋と、シャワー・トイレが共同で、朝夕食付き、１ヶ月30～50万ウォン程度。保証金がなく（一部例外もある）、空き部屋があればその日からでも入居できるので、来韓したばかりの人がしばらくの間仮住まいするには暮らしやすいだろう。

【コシウォン】

元々はコシ（司法試験）のために勉強する学生向けの勉強部屋だったが、最近は大学生や地方から上京してきた若者が多く住んでいる。部屋の広さは２～３畳ととても狭く、シャワー・トイレ・台所が共同で、下宿のように食事がついているところもある。家賃の１ヶ月分程度の保証金を払い、空き部屋があるとすぐに入居できる。契約書などは特にない場合が多いので、入居時に条件を確認しておこう。

❸ 住まいの探し方

アパートやビラ、タカグ、ワンルームなどを探す場合は、住みたいエリアにある不動産屋に行くのが一番早いだろう。韓国の不動産屋には日本のように間取り図や写真などを用意しているところは殆どないので、話を聞いて、気に入った場合、実際に見に行くことになる。

下宿やコシウォンは大学の掲示板や周辺の電柱に張り紙がしてあるので、電話で問い合わせる。大学周辺を歩いていると「下宿」と漢字で書かれた看板が目に付く。直接そこに訪ねていって部屋を見せてもらうのもいいだろう。

道端におかれている『ピョルクシジャン』『キョチャロ』『カロス』などの生活情報新聞にも不動産情報が載っているので、条件を見て気に入ったら、電話で問い合わせをして、実際に見に行って交渉することもできる。

最近はこれらの情報新聞をインターネットでも見られるうえ、検索機能も付いているので住まい探しに活用したい。

『ピョルクシジャン』 http://www.findall.co.kr/

『キョチャロ』 http://www.kcr.co.kr/

❹ 住まい選びのポイント

住まいを選ぶうえでポイントになるのは、日本と同じように周辺の環境、駅からの距離、部屋の広さ、値段などであろう。エリアで選ぶ場合、江南地区や日本人が多く住んでいる二村洞などは高めとなっているので、得に必要がなければ他のエリアを探した方がいい

だろう。

家の広さは日本とちがって坪（ピョン）という単位を使う。日本と同じく１坪＝約3.3平米だ。複数の部屋がある場合、部屋一つの広さを表すことは特にしない。家の広さを言う時には部屋やベランダ、時には駐車場までを含んでいるので、見学した際にチェックした方がいいだろう。

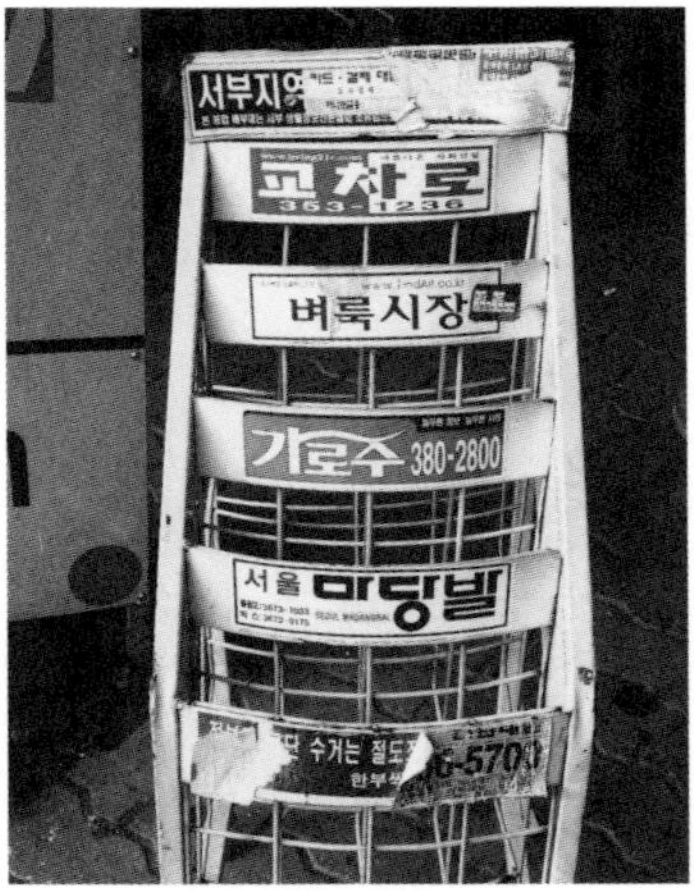

ソウルで定番の住宅情報誌。上から『キョチャロ』、『ピョロクシジャン』、『カロス』、『ソウルマダンバル』

日本では見ないが、韓国では「半地下」や「オクタプ」と呼ばれる家がある。どちらも上記のタカグやタセデ住宅に多い。「半地下」とはその名の通り半分地下に埋まっている家で、正面から見ると１階のようだが裏から見ると地下という家だ。窓はあるものの暗く通気性が悪いため、梅雨時にはかびが生えることも。反面夏はひんやりとして涼しい。「オクタプ」とは屋上に作った小屋のような家。違法建築の一つだが、かなり一般的だ。夏暑く、風の音がうるさいなど欠点はあるが、家賃が安いというメリットがある。

古い家では都市ガスではなくLPG（プロパンガス）の所が多い。都市ガスは元栓をひねるとガスが使えるが、LPGはボンベを買わなければならない。オンドル（床暖房）はガスを利用しているので、冬場にガスが切れると当然オンドルも切れることになり、かなり不便だ。

物件を見学した際に、あまりの汚さに驚くことがあるかも知れない。壁紙や床などは新しく入る人が決まった段階で工事に入るので、それまでは土足で出入りするのが普通だ。入居時に張り替えをして

くれることを確認しておいた方が安心かも知れない。

ウォルセや特にチョンセで入居する際に多額の保証金を家主に預けることになるので、契約の前にその物件が担保になっていないか、家主に借金がどれぐらいあるのかを調べておいた方がいいだろう。その意味でも日本人だけで契約せず、韓国人の知人に立ち会ってもらうことをおすすめする。

住まい探しのチェックリスト

◆値段：□チョンセ（　　　　万）ウォン
　　□保証金（　　　　万）ウォン＋ウォルセ（　　　　万）ウォン
◆管理費：□あり（　　　　万ウォン）□なし
◆契約年数：（　　）年
◆階数：（　　）階建ての（　　）階
◆広さ：（　　）坪
◆部屋数：（　　）部屋
◆ベランダ：□有　□無
◆洗濯機置き場：□有　□無
◆ガス：□都市ガス　□LPG
◆設備：□流し　□シャワー　□トイレ　□洗面台　□下駄箱　□収納
　　□タンス　□その他（　　　　）
◆交通：地下鉄（　　）号線（　　　　）駅（　　）分
　　バス（　　　　）番　バス停から徒歩（　　）分
◆買い物：□市場　□コンビニ　□クモンカゲ　□パン屋
◆リフォーム：□壁紙の張り替え　□床の張り替え　□その他（　　）

漢 江
オリンピック大路
現代アパート
ギャラリア百貨店（生活館）
外換銀行
漢陽派出所
清潭
中学校
現代百貨店
国民銀行
ハナ銀行
ギャラリア百貨店
（名品館）
清潭
初等学校
狎鴎亭駅
ウリ銀行
マクドナルド
国民銀行
スターバックス
九州ラーメン
プリンセスホテル
国民銀行
スーパー
マーケット
新沙電話局
彦州路
漢陽タウン
シネプラス
朝興銀行
三元ガーデン
島山公園
ハードロックカフェ
島山大路
天地淵
国民銀行
NANTA劇場
TGI
FRIDAYS
シネハウス
現代アパート
氷東高校
国民銀行
ウリ銀行
LGガソリンスタンド
アンセ病院
氷東3団地
ソウル税関
彦州路
宣陵路
アックジョンドン
狎鴎亭洞
N
W
E
S

シンチョン
新　村
薬局
延世大へ
滄川教会
バスキンロビンス
飲み屋街
梨大へ
LGテレコム
民族酒場
KAKEHASHI
（日本語喫茶3F）
ダンキンドーナツ
スーパー
滄西国校
泗泉カルビ
セブンイレブン
クルト文具センター
LG25
ファミリーマート
地下鉄入口
TTL
公園
旅館街
スターバックス
国民銀行
インテリ眼鏡
KFC
弘大入口駅へ
現代百貨店
映画館
マクドナルド
梨大駅へ
緑色劇場
ボウリング場
地下鉄2号線 240 新村駅
新村クチュショッピングセンター
e'claire
（イークレール）
新村ロータリー
ウリ銀行
N
W
E
S
韓国外換銀行
ノゴサン派出所
新村市外バスターミナル
西江大へ

仕事を探す

❶ 仕事の見つけ方

「韓国で仕事がしたい！」と思って韓国にきても、何の情報も手掛かりもなければ職探しは当然難航するだろう。韓国の就職活動は日本人のみならず、韓国人でも知人を通しての紹介が主流だ。その次はIT大国韓国らしくインターネットによる求人情報。その他、つてのない外国人にとっては韓国語学校の掲示板というのも有効な手段だと言える。

現在、韓国は不況続きで就職難の状態。日本関連の企業でさえ日本人よりも日本語堪能な韓国人を希望する会社も多い。現地採用を目指す以上、基本的な語学力は就職の準備として必要だろう。

【知人からの紹介】

人と人とのつながりを最優先する韓国では知人からの紹介というのが最大の威力を発揮する。まさにコネ社会。紹介がなければ、面接すら受けられない。実際、就職試験を受けにきている人たちの中に飛び込みという人は殆どいない。とはいえ、韓国人の知り合いを通してとなると、圧倒的に不利な立場となる外国人は、日韓交流会などの会合に積極的に参加し知人、友人を増やしておくのがよいだろう。韓国には日本人の駐在員も多いため、韓国人からではなく、日本企業の駐在員からの紹介という話もよく聞く。紹介の場合は採用率が極めて高く、労働条件も融通が利くことが多い。紹介者の顔を潰さぬようまじめに勤めるのであれば、紹介による就職が一番好ましい。

【インターネットによる情報】

韓国人の情報収集の第一手段はなんといってもインターネットによる検索だ。韓国のサイトの充実ぶりは日本とは比べ物にならない。職探しに関してのサイトはJOB KOREA（http://www.jobkorea.co.kr）などが人気がある。ただし当然のことながら全てハングル表記のため、韓国滞在が短い人にとってはかなりの負担となるだろう。

また、Job Help System for Expats in Seoul（http://jobs.seoul.go.kr）はソウル市が運営する外国人のための就職情報サイトだ。英語で運営されており、求人も英語圏の人材を求めるものが主流だが、会員になると求職情報を作成し、登録することができる。このホームページを見た企業が登録者の中から条件に合う人材を検索し、お互いに条件が合えば面接、採用となる仕組みだ。

一方、韓国に興味を持つ人のための、日本語のインターネットの情報サイトもかなり充実している。中でも韓国情報総合サイト「ソウルウィンド」は、あらゆる分野のコーナーがあり、アルバイト情報は韓国で生活する日本人が必ずチェックするほどだ。人気サイトのためかなりの競争率ではあるが、サイトを通して実際に仕事を手にした人も多い。このサイトでは、韓国語が必要な仕事や、日本語を主とした仕事、レストランでのウエイトレスなどの簡単なアルバイトまで幅広く紹介している。

いずれせよインターネットでの職探しは、韓国では一番有効な手段ではあるが、気をつけたいのがビザの問題。短期のアルバイトを含め気軽に仕事を発注する会社も多く、労働ビザを持っているか、資格外活動が認められているかなど働き手の待遇にまで神経を使ってくれる会社は少ない。万一、不法就労で検挙されると、強制出国など厳しい処分が課せられることになる。

【韓国語学校の掲示板をチェックする】

外国人を対象とした韓国語学校には必ず掲示板がある。韓国内の企業からそれぞれ必要な言語の求人募集が寄せられる。日本人を対象とする求人は比較的多く、正社員の募集だけでなく、アルバイト情報も多い。学校を通し掲示される求人のため安心なものが多いのも特徴。しかし、企業側も同時に複数の韓国語学校に求人広告を出すため競争率は激しそうだ。掲示板での職探しはまめにチェックすることがコツと言えるだろう。

【情報誌による求人】

韓国にも求人情報誌や新聞の求人欄といったものがあるが、日本人を対象にしたものは今のところ発行されていない。情報はあくまでも韓国人を前提に書かれているため、外国人の就職にはあまり役に立たないだろう。これらの紙媒体はインターネットを見ない人、すなわち主婦や中高年向けの求人が多いのが特徴だ。わざわざ雑誌を買わなくてもインターネットで最新の情報を集めることができるためか、人気はいま一つのようでコンビニでは扱っていないところが多い。駅の売店やバス停横の売店などをのぞいてみよう。『週刊求人』などがあるはずだ。このサイトもある。http://www.jobis.co.kr

【ミニコミ誌「ピョルクシジャン」求人欄の例】

① 顧客管理　29～49歳　郵便分類初心者可　10～４時　週５日可
② 顧客管理　男女　不動産分譲の案内　待遇：業界最高　経験者優遇　高収入保証
③ 健康管理相談　会員管理　経験者、初心者可　40代以上の主婦歓迎　最高の待遇
④ 経理　（女）　満22～32歳（既婚者可）　月90万ウォン＋賞与、退職金　土曜隔週休
⑤ 広告営業職　男女区別なし　30～45歳未満　大変な仕事ですががんばってくれる人にはそれなりの待遇

❷ 現地採用の労働条件

韓国内で働く日本人は駐在員を除けば殆ど現地採用だ。現地採用として働く日本人の大多数は語学学校を卒業後、就職というパターンである。韓国で労働ビザを取得するには4年制の大学を卒業していることが条件となるため、現地採用となった人たちのスキルを考えてみると、①「大卒」、②「日常会話以上の韓国語をスムーズにこなす」、③「日本語文書制作可能な程度のPCの技術がある」ということになる。韓国で仕事をする場合はPCのスキルを訊かれることも多く、ワード、エクセルは、まず必須と思っておくのがいいだろう。また、パワーポイントを使えるかどうかもよく尋ねられる。

このように、日本社会でも十分に能力がある日本人が韓国で就職した場合、韓国人と同じくらいの給料（P.20日常生活　④韓国人の給料は？参照）もしくは総支給額100万ウォン、保険などを差し引き手取り80万ウォンというのが平均のようである（もちろん業種によっては異なる）。他のアジアの国と比較しても物価もさほど安くはなく、韓国で現地採用として働くことは、賃金や労働条件の面で日本と比べるとよいとは言えないだろう。それでも現地採用者の多くは海外生活をすること、語学などの技術を身につけることを目標に働いているようである。

韓国の会社はまだ週休2日制が一般的ではなく、土曜日を隔週で休む会社が多い。会社によっては「ウォルチャ」と言われる休みがあり、月に1回、好きな日に休みをとることができる。

勤務時間は8時間程度が一般的で、日本の会社のように忙しい時には残業もあるだろう。業務開始時間は8時から9時、終了は5時から7時といったところが多い。これは事務系の仕事の場合で、日本語学校や小売り、サービス業の場合、勤務時間は上記の通りではない。

給料は年俸制と月給制があり、年俸制の場合、年俸を12で割って月々一定額を受け取る場合と、ボーナスとして受け取る場合がある。月給制の場合、ボーナスの有無、ボーナスのパーセントを確認しよう。韓国はボーナスの額を表すのに％（読むときはプロと発音）を用いる。例えば、６ヶ月分がボーナスとして支給される場合、600％となる。ボーナスは日本のように夏と冬の年２回とは決まっておらず、会社によっては年６回、つまり２ヶ月に１回支給されるところもある。また、旧正月や秋夕（旧暦の８月15日）には会社からプレゼントや「餅代」として現金が支給されることもある。

【インターネットに掲載された求人広告の例】（順不同）

業　　種：語学学院
職　　種：日本語常勤講師
業務内容：日本人会話（初級から上級まで）
勤務時間：6:30〜21:50
　　　　　１日６時間で、月曜日〜金曜日までの授業
給　　料：120万ウォン以上（月給制）
待　　遇：住居手当、往復航空券代支給、引っ越し費用支給、退職金、契約更新時ボーナス、医療保険加入などあり
応募資格：日本の４年生大学を卒業に加え、下記のいずれかに該当すること
　　　　　(年齢25〜35歳で経験者優遇)
　　　　　１）日本語教育能力検定合格者
　　　　　２）日本語教師養成講座（420時間以上）修了者
　　　　　３）大学での日本語教育専攻者（副専攻も可）
　　　　　４）日本語教育施設での経験者

業務内容：会計・コンサルティング業務の翻訳
雇用形態：正社員（日本人の方には就業ビザをだします）
時　　間：9:00〜18:00（残業あり）

休　　日：日曜日（土曜日は隔週休み）、祝祭日
給　　与：年俸2200万ウォン（大卒基準）
資　　格：・韓国在住の日本人もしくは在日韓国人（女性）の方
　　　　　・韓国語が流暢に話せること
　　　　　・韓国語↔日本語翻訳経験が２年以上あること
　　　　　・ホームページ運営の基礎知識があればなお可

仕事内容：韓国の日刊紙の日本語サイトを制作
勤務時間：15:30〜19:30
休　　日：毎週土曜日
給　　与：80万ウォン
資　　格：語学堂最上級レベルの韓国語能力。
　　　　　韓国・日本の政治・経済・社会・文化・スポーツ等に詳しい方歓迎。
　　　　　国際情勢に明るい方。基本的なPC操作要。

仕事内容：日本語サイトのウェブマスターとマネージャー(編集者)
勤務時間：9:00〜18:00　アルバイトは自由。在宅も可能。
休　　日：毎週土曜・日曜
給　　与：５万〜７万ウォン（日給、アルバイトの場合)、交通費全額支給
資　　格：母国語が日本語で、ウェブマスターや編集者の経験がある方、またはホームページを作成し運営した経験のある方を希望します。
　　　　　また韓国語も日常会話程度できることが望ましいです。

仕事内容：オンライン旅行会社で韓国の情報を記載する（翻訳、取材など）
時　　給：5000〜１万ウォン
月　　給：100万〜120万ウォン

勤務時間：10:00〜18:00
休　　日：土、日
資　　格：インターネット使用能力・旅行が好きな方

仕事内容：日本食の飲食店でのホール、洗い場等
出勤時間：18:00〜22:30
時　　給：3500ウォン（交通費込）
休　　日：日曜日のみ
資　　格：特になし。韓国語能力、問いません。休まず働ける女性、
　　　　　歓迎します。

仕事内容：企業での日本語教師
勤務時間：7:00〜8:00までの１時間
給　　与：月給50万〜60万ウォン
必要資格：日本語を教えたことのあるかた。ある程度の韓国語ができるかた。

仕事内容：ホームページ作成
勤務時間：13:30〜19:30
給　　与：50万〜80万ウォン
休　　日：土、日
資　　格：日本語ネイティブ、韓国語日常会話程度
　　　　　インターネット＆ＰＣを普段使用している方
待　　遇：食事支給
　　　　　３ヶ月後、正社員登用のチャンスあり

仕事内容：コピーライター
勤務時間：9:50〜18:00（土曜日は14:00）
給　　与：月給制（ボーナス600％）110万ウォン以上
　　　　　ビザ支給、社会保険有り

休　　日：日曜、祝日
資　　格：30歳未満の女性。韓国語で日常会話ができる方。デザインに関心のある方。

仕事内容：旅行雑誌の広告営業
勤務時間：9:00〜18:00
休　　日：日曜日のみ
月　　給：80万〜100万ウォン
必要資格：語学堂４級修了程度の韓国語能力。広告営業の経験があればさらに歓迎します。

仕事内容：ウェディングショップでの日本人のお客さんとの通訳、その他店内の雑用など
勤務時間：12:00〜20:00の間で６時間から８時間勤務　土日を含む週４〜６日
給　　与：時給4000ウォン
必要資格：日本人で韓国語堪能な方（５級程度）
韓国人で日本語堪能な方（１級程度）
扱う商品の性質上、女性に限らせていただきます。
ウェディングに関する専門知識がなくても大丈夫です。
ビザはでませんので、日本人の方はワーホリなど就労可能なビザを持っていることが条件になります。

仕事内容：幼稚園教諭（日本人クラスの担任）
資　　格：日本語が母国語のようにできること
幼児教育免許取得または幼児教育に関心のある方
幼稚園からビザは出ませんので、ビザの心配がない在日の方を希望します。
（日本人の方でもビザの心配がないかたなら大歓迎です）
給　　与：月給100万ウォン（幼児教育免許取得の場合）

月給70万ウォン～（幼児教育科以外の場合、相談によって異なります）
勤務時間：8:15～18:00（行事などある場合６時過ぎることもあります）
休　　日：土日（１ヶ月に１回は土曜出勤します）
夏休み、冬休みは各３週間

❸ 韓国で起業する

外国人が韓国市場へ参入するには４つの方法がある。①現地法人（株式会社など）の設立、②個人事業者としての進出、③支店としての進出、④事務所の設置による進出である。ただし、事務所の設置に関しては韓国で所得が発生しない場合に限られているため、韓国で働くことを前提に起業するのであれば、①現地法人の設立、②個人事業者としての進出、③支店の進出という手段になるだろう。

①現地法人

韓国内で株式会社を立ち上げる場合や、日本企業の関連会社、子会社を設立する場合は現地法人を設立するということになる。現地法人の設立の場合には外国人は商法上の最小限の資本金5000万ウォン以上を投資しなければならない。なおこの投資は、外国人投資促進法及び商法等の規定に従い、韓国内の法人として取り扱われる。

②個人事業者

個人事業者の形態（例えば、飲食店や雑貨店などの小規模な店の経営）であっても投資金額、１人当たり5000万ウォン以上が必要となる。なお個人事業者は外国人直接投資として認められる。事業経営については現地法人との間に差はないものの、現地法人に比べ開

業や休・廃業が簡単であり、また社会的責任や要求も少ないのが特徴だ。

③支店の進出

外国企業が韓国で通常の営業活動を行なうためには、韓国に支店を設置するか、あるいは会社を設立する必要がある。支店設置の場合には、支店の代表者を任命し、外国為替取引法に基づいて必要な手続きを踏まなければならない。また裁判所で支店の登記を行なうことが必要となる。

【起業までの流れ】

ここでは、単身韓国に渡り、最小限の資金で起業することを前提に、個人事業者としての登録手続きの大きな流れを説明しよう。ただ、韓国で起業する際には当然、様々な法的な手続きが必要となる。また、会社の規模、業種、形式などにより法の適応や手続きが異なってくるため、自力での起業はほぼ不可能と言えるだろう。なお、こうした外国人投資家のために、韓国内には大韓貿易投資振興公社（KOTRA）内に新設されたKISC（外国人投資支援センター http://www.investkorea.org/japan）がある。そして日本国内にも東京、大阪、名古屋、福岡にKOTRAの駐日事務所（大韓貿易投資振興公社 http://www.kotra.or.jp）があり、韓国進出へのアドバイス、書類の翻訳などのサポートを行なっているので最寄の機関に問い合わせてみるのが一番だろう。

STEP 1

外国人投資の届出
(1)届出者：外国投資家または代理人
※代理人による届出の場合は、投資家の署名付きの委任状を添付する。

(2)届出先：外国為替銀行または外国投資支援センター（KISC）
(3)提出書類：新株の取得による外国人投資（別紙様式1号）の届出書　委任状　（代理人の場合）
(4)処理期間：即時

STEP 2

投資資金の預け（外国為替銀行）
・国内資金は許容されない。
・原則として、第三者が投資家に代えて送金することは認められない。
・銀行から外国為替の買入れ・預け証明書の発給を受ける（事業者登録および外国人投資企業の登録の際必要となる）。

STEP 3

事業者登録
(1)申請人：本人自らが申請するのが原則であるが、代理人による申請の場合には委任に対する認証を受けなければならない。
(2)申請先：本店所在地の管轄税務署或いはKISC
(3)期限：事業開始の日より20日以内
(4)必要書類：事業者登録の申請書（KISC提供）
共同事業者の場合は合弁契約書(認証を受けたもの)
外国人投資の届出書（コピー）
外貨買入れの証明書
事業許可証（許可・認可・届出等が要される事業に限る）のコピー
代表者が国内の居住者でない場合には、外国人登録証（あるいはパスポート）の原本の提示とともにそのコピーを提出

	オフィスの賃貸人の人的事項(氏名・住民登録番号、法人の場合は事業者登録番号・賃貸保証金・賃貸料)を記載した書類 納税管理の設定に関する届出書（投資家の国内における滞在期間が６ヶ月以内の場合）：納税管理人の住民登録謄本または事業者登録証のコピーを添付

STEP 4

外国人投資企業の登録 (1)登録先：外国人投資の届出をした機関 (2)登録期限：出資目的物の納入完了の日より30日以内 (3)必要書類：外国人投資企業の登録申請書 事業者登録証

（参考資料：KISC 投資手続きより）

❹ 韓国で日本語を教える

平成13年度の文化庁の調査によると海外での日本語学習者数は、１位が中国（４万9842人）、２位が韓国（１万5617人）、３位アメリカ（6139人）、４位ブラジル（4226人）、５位台湾（3745人）となっており、韓国は世界で２番目に日本語学習者が多い国であることがわかる。
日本語を教える教育機関としては、大学、高校、企業の研修センター、学院（ハグォン）と呼ばれる民間の日本語学校などがあげられる。

韓国では高校から第二外国語の授業が行なわれており、語順や文法が似ているため学習しやすく、他の外国語よりも点が取りやすいなどの理由から日本語は人気があるようだ。大学では専攻科目以外

の第二外国語としてほとんどの大学に日本語があり、高校時代から引き続き日本語を勉強する学生も多いようだ。

大企業は社員教育のための教育施設を個別に設けているところが多く、英語や中国語と並んで日本語の教育課程が設けられている。

日本語教育機関のなかでもっとも数が多いのが学院だろう。ソウルの中心部に位置し、自社ビルを構える大手校から町の小さな外国語塾に至るまで、その規模はさまざまだ。韓国にきて日本語を教える場合、一番就職しやすいのがこれらの日本語学院ではないだろうか。

しかし、ネイティブなら誰でも日本語教師として働けるというわけではなく、就職に際しての基準がある。まず、学歴社会の韓国において、人にものを教え、先生と呼ばれる以上は最低４大卒でなければならないだろう（Ｅ－２ビザを申請する際にも４大卒以上という条件がついている）。それに加え下記のいずれかに該当する資格（経験）を持っていなければならない。

１）日本語教育能力検定合格者
２）日本語教師養成講座（420時間以上）修了者
３）大学での日本語教育専攻者（副専攻も可）
４）日本語教育施設での経験者

【学院で働く】

学院で仕事を始める際には、授業数や待遇についての契約をしっかり確認しておこう。まず、常勤か非常勤かを確認しよう。常勤とは、会社でいうと社員のような扱いで、１日６時間程度の授業を担当し、ほとんどの場合１年ごとに契約を更新する。非常勤の場合はアルバイトのような扱いで、１日１時間～６時間程度の勤務、期間は設定されないこともある。必要がなくなるとクビになることもある。常勤で働く場合は学院からビザが支給され、赴任手当（飛行機代程度）や住宅手当（保証金の立替、家賃補助、寮）などが支給されるところもある。

また、給料の面でも学院や経験によって差が大きい。時給の場合、相場は１万〜1.5万ウォンといったところで、月給でもらう場合は１ヶ月100万〜150万ウォン程度。時給や月給の場合、収入は安定しているが、学生数による出来高払いの場合、学生が集まりやすい月(夏休みや冬休みなど）は高収入が期待できるかもしれないが、学生が少ない月には収入がゼロに近いこともあるので、学生数によって給与に変動があるかどうかもしっかり確認しておこう。

【学院で働くのは体力勝負!?】

学院に日本語を習いにくる人は高校生・大学生・主婦・ビジネスマンなどさまざまだ。そのため学院の授業時間も朝６時台から夜９時台までと実に長い。その反面、午後１時から５時まではほとんど授業がない。つまりそこで働く教師は朝２時間、昼１時間、夕方３時間という具合に人が働かない時間に授業をしなければならない。昼間の時間は自由に使えるとはいえ、朝６時30分に出勤して午後９時まで働くというのは体力的にもハードだろう。その間に授業の準備もしなければならない。また学院は土日が休みのところが多いので、週休２日で月に20日程度授業をすることになる。

【日本語教師に韓国語は必要か？】

学院には韓国人の日本語教師も多く、日本人は会話の授業、韓国人は文法の授業と役割分担がなされている。ほとんどの学院で日本人教師は「直接法」(日本語のみの授業）で教えているので、韓国語ができなくても授業に差し障りはないだろう。しかし、職場でのコミュニケーションや学生の誤用分析のためにも韓国語ができるにこしたことはないだろう。

【学院に就職するには】

学院は常に採用を行なっているのではなく、欠員補充の形で採用をしているので、履歴書をだしておいて必要な時に声をかけてもら

うというのが有効だろう。学院の授業は1ヶ月単位で月初から月末までが1学期となっている。月末に来月の時間割を組み、急に欠員がでることもしばしばあるので、履歴書をだした後はいつ声がかかっても働けるように準備しておく方がいいだろう。

学院はソウルなら鍾路（チョンノ）・江南（カンナム）といった中心部に多いので、足で歩いて総務課に履歴書を持参するか、インターネットで検索し、E-mail で履歴書を送るという方法もある。

近年、日本国内では日本語教師の増加により、国内は飽和状態となっている。このため海外に有資格者が流出する傾向にある。また、韓国にいる日本人全体の数が増加したことや、アルバイト講師の増加（留学生の小遣い稼ぎ）により、現在日本語教師の職についている人、これから日本語教師の職を探そうという日本人の数も増加傾向にある。こうしたことから、韓国内での 学院への就職は年々難しくなってきている。そのうえ大学院卒の日本語教師が増え、学院で働きながら大学院で学ぶなど日本語教師の高学歴化が進んでいる。そんな中で新しく学院で働こうという人は、他の教師にはない個性や情熱をアピールし、はじめは時間講師でも引き受けて経験を積み、人脈を築くことが重要になってくる。

❺ 韓国で働く先輩からの率直なアドバイス

とにかくしっかりと集金をすること。韓国は正直に言って金払いの悪い会社が多い。外国人ばかりでなく、韓国人ですらお金をもらえず泣き寝入りなどという話をよく聞きます。アルバイトやフリーランサーで仕事を請けた場合はしっかりとお金をもらうという姿勢を見せておきましょう。喧嘩も覚悟で集金しなくては取れません。
(翻訳フリーランサー　27歳男性)

フェーシク（会食）と言われる飲み会には絶対参加しなくてはいけません。韓国人はお酒を飲んで仲良くなると信じています。そして会社側もお酒を飲ませることで最高に社員の労をねぎらっていると思っています。いわゆる一昔前の日本の「会社のノミニケーション」というやつです。外国人として韓国人の中で仕事をしていくわけですから、韓国の流儀に身を任せ、頑張ってください。（会社事務　29歳女性）

もう、忍耐です。韓国人はプライベートばかりではなく、仕事でもかなり感情的に物を言います。しかし、彼らにしてみれば悪気はなく、彼らなりのコミュニケーション手段のようです。いちいち神経を尖らさないことが大切でしょう。（教材出版社勤務　25歳男性）

どこまでが自分の仕事なのか、そのスタンスをはっきり示すことです。男尊女卑の韓国では女性が雑用をさせられることはある程度覚悟しなくてはなりませんが、時には子供の日本語の宿題など勤務に全く関係ないことも押し付けられたりします。家族的な反面、何でも言うことを聞いていてはいけません。日本人として最高の日本語の技術を持っているわけですから、自信をもって専門の仕事に専念してください。（貿易会社勤務　28歳女性）

大きな声で話すこと。韓国の人はとにかく声が大きいです。白熱した会議や打ち合わせ、交渉ごととなると、口を挟ませてくれません。マシンガンのような彼らの口を封じる方法はただ一つ、彼らよりも大きな声で話すこと。（会社員　37歳男性）

韓国人の中で仕事をしていくと、自分の語学力のなさに苦しめられます。でもよく考えてください。周りはみんな韓国人、韓国語が上手くて当然なんです。ボキャブラリーのなさや文法の間違いなど、些細なことに気をとられず、下手くそでもいいからはっきり自分の

気持ちを伝えましょう。気持ちを楽にして会話をすれば、いつしか上達するものです。(日本語教師　42歳女性)

小さな会社で働いた場合、給料が未払いになることもしばしばです。しっかり言うべきことを言って、もらうべきものはもらいましょう。(通訳　28歳女性)

日本人と韓国人は考え方が根本的に違うことがあります。変に意地を張って日本式にことを進めようとすれば衝突し、疲れるだけです。「郷に入っては郷に従え」ということわざの通り韓国式に染まってしまった方が楽です。(日本語教師　29歳女性)

はみだしコラム

韓国ならではのお仕事
「トウミ」と呼ばれる人たち

ソウルの街を歩いていると、黒山の人だかりにしょっちゅうでくわす。新規オープンの店の前だ。その人だかりをかき分け前進すると、あでやかな衣装に身を包み、歌い踊る人たちがいる。新人歌手の売り出しキャンペーンかと思ったが、いやいや違う。ごく普通の一般人「トウミ」と呼ばれる人たちなのだ。

韓国人の特長は、歌好き、踊り好き、しゃべり好き。「人前であがる」という言葉は無縁の人たちである。エンターティナーの血が騒ぐのは韓国人の習性とも言えるだろう。そんな国民性をうまくいかしたビジネスがこの新装開店のキャンペーンガール、「トウミ」だ。日本でもキャンギャルはお馴染みだが、韓国版は一味違う。容姿端麗な若き女性がカラオケセットを持って登場。店頭で最新のK－POPを歌い、華麗なダンスを披露し、MCまでこなす。これぞ芸達者な韓国人ならではの仕事だが、見目麗しい容姿と笑顔だけでは勤まらぬ厳しい仕事でもある。トウミは普通２人組。BGM担当とパフォーマンス担当に分かれ交代しながら仕事をこなす。ちなみに日給は８万ウォン（8000円）から10万ウォン（１万円）程。仮にソウル市内で喫茶店のウエートレスをしても時給2500ウォン程度が相場なので、かなりの高収入の仕事である。ルックス、才能ともに選ばれた人材だけのことはあるギャラである。

最近では才能をいかし仕事をゲットできるのは女性ばかりではない。街角ではキャンペーンボーイも見かける。西洋人並みのスタイルとアイドルのような甘いマスクの少年達が店の広告が流れるモニターを背負い、キャンペーンを繰り広げる。その姿は「近未来的サンドイッチマン」と言ったところだろうか。

日曜日の明洞（ミョンドン）化粧品のキャンペーン

ピザハウスのオープンニング。キャンペーンボーイはタフでなければ勤まらぬ

ビザ

❶ ビザ

2004年も引き続き、観光の目的で韓国を訪問する日本人観光客は30日間以内の滞在に限りノービザで入国ができる。但し、31日以上滞在する場合には、別途ビザの申請が必要になる。韓国滞在のためのビザは滞在目的、期間別に32種類あり、日本で申請する場合は在日本韓国大使館と領事館、韓国で申請する場合は出入国管理局から発給される。ビザの種類の変更はできない場合（例：研修ビザから就労ビザへの書き換え）と、できる場合（例：短期総合ビザから一般研修ビザへの書き換え）があるので事前に確認のこと。

現在の韓国は外国人が就労ビザ取得するのはまだまだ難しいのが現状だ。原則的に科学技術分野などの専門知識があり、国家競争力に役立つと認定されて、また国内の雇用状況等を考慮の上、韓国人では代替できない場合に限って外国人の国内就業を許可しているという状況だ。また韓国は学歴社会なので学歴を問われることが多い。ビザが比較的取得しやすいと言われている日本語講師の場合でも、短大卒以上もしくは日本語教師の資格を持っていることが必要資格とされている。エンジニアの場合は、エンジニアとしての経歴や学歴が問われるようだ。この他にもビザの資格外の活動（例：就労ビザで大学院に通うなど）には届け出が必要だ。

ここでは一般的な就学、就労にかかわるビザについて取り上げる（注意：領事館によって必要書類、写真のサイズ等が異なる場合があるので、申請前に各自問い合わせのこと。ビザ発行申請書の書式は大使館領事部や総領事館に備え付けてある）。

【取材ビザ　(C－1)】

一時的な取材または報道活動をする者。

・申請書１枚
・パスポート
・カラー写真１枚
・出張命令書１枚
・取材計画書１枚

大使館の公報館室を経由し申し込むこと。

【短期商用ビザ　(C－2)】

市場調査、業務連絡、見学、相談、契約、輸出入機械等の設置、補修、受験、運営要領習得、その他これと類似の目的で短期間滞留しようとする者。

(15日以内の場合)
・申請書１枚
・パスポート
・カラー写真１枚
・商用目的で入国することを証明できる書類(出張命令書、招待状、取引実績証明書、契約書等)

(15日以上90日以内の場合)
・申請書１枚
・パスポート
・カラー写真１枚
・出張命令書
・上場証明書または売り上げ実績が年間10万ドル以上の実績証明書とともに、その所属会社の理事級、営業部長および３年以上勤務した正式社員であることを証明できる書類

【短期総合ビザ　(C－3)】

観光、通過、療養、親族訪問、各種行事や会議参加または参観、文化芸術、一般研修、講習、宗教儀式参席、学術資料収集、その他これと類似した目的で短期間滞留しようとする者（営利を目的とする者は除外)。

語学堂などに通って韓国語を習う場合で、滞在期間が90日以下である場合に必要なビザ。30日以内の研修の場合は観光ビザで入国可能なのでC－3を取得する必要はない。

・申請書１枚
・パスポート
・カラー写真１枚
・入学許可証

【短期就業ビザ　(C－4)】

一時興行、広告・ファッションモデル、講義、講演、研究、技術指導等収益を目的に短期間就職活動をしようとする者。

【文化芸術ビザ　(D－1)】

収益を目的としない学術または芸術上の活動をしようとする者(大韓民国の固有文化または芸術に対する専門的研究をする、あるいは専門家の指導を受けようとする者を含む)。

【留学ビザ　(D－2)】

短期大学以上の教育機関または学術研究機関で正規課程の教育を受けるか、あるいは特定の研究をしようとする者。

・申請書１枚
・パスポート
・カラー写真１枚
・標準入学許可書
・預金の残高証明書(１ヶ月以上続けて残高の確認ができることと、

US ドル１万ドル以上必要)

短期大学、大学、大学院の正規過程（学士、修士、博士）の教育を受けたり、特定の研究をしようとする場合に必要なビザ。大学や大学院へ留学する場合や交換留学の場合はこのビザがあてはまる。

このビザは現地で延長手続きが可能。延長期間は４年生大学の場合は４年、大学院は各２年６ヶ月となっている。

・パスポート
・外国人登録証
・滞在期間延長許可申請書
・在学証明書
・身元保証書
・手数料　３万ウォン

【一般研修ビザ　(D－4)】

留学（D－２）資格に該当する教育機関または学術機関以外の教育機関または、団体等で教育・研修を受けようとする者（研修する機関から報酬を受けるか、産業研修《D－３》資格に該当する者は除外)。

語学堂などで韓国語を研修する場合で、滞在期間が90日以上である場合に必要なビザ。

・申請書１枚
・パスポート
・カラー写真１枚
・入学または在学を証明する書類（入学許可書等)
・財政立証関係書類（銀行の残高証明書等)
・身元保証書

このビザは現地で最長１年半までの延長手続きが可能だ。

・パスポート
・外国人登録証
・滞在期間延長許可申請書

・在学証明書
・身元保証書
・手数料　３万ウォン

【取材ビザ　(D－5)】

外国の新聞、放送、雑誌、その他報道機関からの派遣または、外国の報道機関との契約によって、国内で駐在しながら取材または報道活動をしようとする者。

【企業投資ビザ　(D－8)】

外国人投資促進法律の規定による外国人投資企業の必須専門人材として経営や管理および生産・技術分野に従事しようとする者（投資者が経営者または技術者としてその企業に派遣する者を含むが、国内採用者は除外）。

【貿易経営ビザ　(D－9)】

大韓民国で会社を設立して事業を経営し、または貿易、その他営利事業のための活動を目的とする者で必須人材に該当する者（輸入機械等の設置・補修、造船および産業設備制作監督等のために大韓民国内の公私機関に派遣され勤務しようとする者を含む。ただし国内で採用する者と企業投資《Ｄ－８》の資格に該当する者は除外）。

【教授ビザ　(E－1)】

教育法に定められた資格の要件を揃えた外国人で、専門大学以上の教育機関またはこれに準ずる機関で専門分野の教育あるいは研究指導活動に従事しようとする者。

【会話指導ビザ　(E－2)】

法務部長官が定める資格要件を持った外国人で、外国語専門学校、小学校以上の教育機関および付設語学研究所、放送局、または企業

付設語学研修院、その他これに準する機関あるいは団体で、外国語会話指導に従事しようとする者。

学院などで日本語教師として働く場合に必要なビザ。ビザ発給対象は4年制大学卒業、もしくは日本語教育に関わる短期大学卒業以上の学歴を有する者、短大卒以上で日本語教師養成過程を履修、関連資格証を取得している者、もしくは主要省庁長官の推薦を受けた者。

・申請書1枚
・パスポート
・カラー写真1枚
・雇用契約書
・学位証または卒業証明書
・学院または団体設立関連書類
・身元保証書
・カラー写真

【技術指導ビザ （E－4）】

自然科学分野の専門知識または産業上の特殊な分野に属する技術を提供するため、大韓民国内の公私機関から招請され、従事しようとする者。

【専門職業ビザ （E－5）】

大韓民国の法律に準ずる資格が認定された外国弁護士、公認会計士、医者、その他国家公認資格を所持した者で、大韓民国の法律に基づいて行使可能である法律、会計、医療などの専門業務に従事しようとする者（教授《Ｅ－１》資格に該当する者は除外）。

【芸術興行ビザ （E－6）】

収益を伴う音楽、美術、文学等の芸術活動と収益を目的とする芸能、演奏、演劇、運動競技、広告・ファションモデル、その他これ

に基づく活動をしようとする者

【特定活動ビザ　(E－7)】

大韓民国内の公・私機関等の契約により、法務部長官が特別に指定する活動に従事しようとする者。エンジニア、翻訳など。

【訪問同居ビザ　(F－1)】

親戚訪問、家族同居、被扶養、家事整理、その他これと類似した目的で在留しようとする者(駐韓外国公館員の家事補助員、外交《A－1》ないし協定《A－3》資格に該当する者と外国人登録をした者の同居人としてその世帯に属しない者、居住《F－2》資格を持っている者の妻あるいは子供でその在留資格を付与されなかった者、国民の配偶者または子で同居《F－2》資格を付与されなかった者、その他やむを得ない事由で職業活動に従事できず大韓民国に長期間在留しなければならない事情があると認められる者を含む)。

・申請書1枚
・パスポート
・カラー写真1枚
・戸籍謄本等家族を証明できる書類
・公認済みの招待状（90日以内は省略)
・身元保証書

【居住ビザ　(F－2)】

大韓民国で継続居住し、生活の根拠地が国内にある者、その配偶者および出生子女と国民の配偶者。個別審査のうえ1～5年のビザが与えられる。

【ワーキングホリデービザ　(H－1)】

1年間有効のワーキングホリデービザの取得には次の資格を満たしていなければならない。

・日本に居住する日本国民であること
・韓国での観光を主な目的として入国する者
・ビザ申請時、18才から25才（ただし、やむを得ない事情があるときには30才）以下であること
・扶養家族を同伴しないこと
・有効なパスポートと往復航空券または往復航空券を購入するにあたって十分な資金を所持すること
・韓国での初期在留期間の間、生計維持に十分な資金を所持すること
・健康であること
〈必要書類〉
・申請書１枚
・パスポート
・カラー写真１枚
・旅行日程／活動計画書（特別な様式は決まってないが、月単位で作成すること）
・往復航空券（コピー）
・銀行の残高証明書（最低25万円以上）
・卒業証明書あるいは在学証明書

有効期限の１年終了後は原則的には再取得はできない。また、同じ勤め先での３ヶ月以上にわたる就業、３ヶ月以上の語学研修は禁じられている。日本語会話指導などの専門職に就く場合には、在留資格以外活動許可を得なければならない。

❷ 外国人登録

韓国に入国した外国人が91日以上滞在する場合には、入国から90日以内に出入国管理事務所で外国人登録証明書の交付を受けなければならない。

【申請に必要な書類】

・外国人登録申請書（出入国管理事務所に備え付けてある）
・パスポート
・写真３枚（６ヶ月以内に撮ったもの、３㎝×４㎝）
・手数料１万ウォン
・ビザの種類によって追加提出しなければならない書類
例）留学・研修ビザの場合、在学証明書。就労ビザの場合、在職証明書。ワーキングホリデーの場合、旅行日程表など。事前確認のこと。

外国人登録証明書はソウル出入国管理事務所で申請から１週間後に交付される。外国人登録を申し込むと、窓口で担当職員が書類に不備がないかチェックをし、不備がなければ外国人登録申請を受理したというレシートを発行してくれる。そこには氏名の他に、外国人登録証ができあがる日にちが記載されいている。なお、申請中はパスポートを預けているため、出国することはできない。

１年以上滞在する場合には指紋を採られることがある。両手の全ての指の指紋を採られるので不愉快な思いをするかも知れないが、拒否すると外国人登録が受理されないので仕方がないだろう。

ソウル出入国管理事務所

ソウル市陽川区新亭６洞319-2
電話：02-2650-6212～7
地下鉄５号線「梧木橋（オモッキョ）駅」下車７番出口を出て徒歩10分

❸ 出国と再入国

外国人がビザの有効期限内に一時的に出国し再度入国しようとする場合には、出国する前に必ず再入国許可を受けなければならない。再入国許可を受けずに出国した場合、ビザは失効となり、入国のために再度ビザを申請することになるので注意したい。

再入国許可は１回に限って再入国が可能な「単数再入国許可」と２回以上再入国が可能な「複数再入国許可」の２種類がある。

出入国管理事務所、もしくは出入国管理事務所の出張所で、当日出国の場合は空港の事務所で申し込む。空港で申請する場合は「単数再入国許可」のみ申請可能。申請後、即日発行してくれる。日本に帰る機会が多い人は、外国人登録を受け取る際に一緒に済ませてしまうのがいいだろう。

また、外国人登録をする前には再入国許可が下りないので、海外に出る機会が多い人や入国時から出国の予定がある人は、入国後早いうちに外国人登録することをおすすめする。

【提出書類】

・パスポート

・外国人登録証

・再入国許可申請書

・手数料：単数３万ウォン、複数５万ウォン

ソウル出入国管理事務所

前出

ソウル出入国管理事務所世宗路出張所

ソウル市鍾路区積善洞現代積ビル善501号

電話：02-732-6214

地下鉄３号線「景福宮（キョンボックン）駅」下車６番出口

交通

❶ バス

ソウルのバスの路線は複雑なうえ、表示も車内アナウンスも韓国語のみなので、韓国語に慣れないうちは乗りこなすのはかなり難しいだろう。また、日本のバスのようにバス停の前には止まってくれない。バス停付近にくるとドアを開けて止まるので、バスがきたらバスに向かって走って行かなければならない。バスは前乗り後ろ降りになっている。料金は先払いなので、小銭を用意しよう（1000ウォン札でもお釣りをくれる)。運転が非常に荒いので、走行中は手すりやつり革にしっかりとつかまっていよう。アナウンスがないバスもあるのでおちおち寝てはいられない。降りる停留所が近づいてきたら、ブザーを押し出口の前に立って待つ。日本のバスのようにバスが止まるのを座って待っていては、降りる意思がないものと見なされ止まってもらえない。降りるときもさっさと降りないとドアに挟まれたり、降りそびれてしまう。

このようにソウルのバスに慣れるまではかなり体力がいるが、路線がソウル市内のほとんどを網羅しており、路線に詳しくなれば大変便利な交通手段だ。また、車が混んでいる時でもバス専用車線があり、目的地まで意外と早く着く。

料金は700ウォン。交通カード（ソウル市内のバス・地下鉄で使用可能なプリペイド式カード）の場合50ウォンが割り引かれて650ウォン。さらに１時間以内にバス・地下鉄に乗り換える場合はさらに50ウォンの追加割引がうけられる。夜は11時半頃まで運行している。路線によっては深夜１時頃まで運行している路線もある。バス

市内へのアクセスが便利な空港リムジンバス

停に終バスの時間と運行間隔が書かれているので参考にしよう。

「座席バス」と呼ばれる観光バスのようなバスがあるが、これはその名の通り座席数分しか客を乗せない、つまり必ず座れるバスである。ちなみに韓国人は「高級バス（コグッボス）」と呼んでいる。市内と郊外の衛星都市を結んでおり、料金は1400ウォン。バス停には「座席」とハングルで書かれている。

このほかに、「マウルバス」と呼ばれる小型のバスがある。市内バスに比べて路線が短く、町内を一周し、最寄りの地下鉄の駅と住宅地を結んでいる。料金は400ウォン。交通カードが使えるバスが多く、駅から遠い人にとっては大変便利なバスだ。

なお、仁川国際空港から市内への移動は空港リムジンバスを利用するのが便利だ。高級バスと一般バスがあり、高級バスの料金は1万2000ウォンで主要ホテルへ直行型の路線構成。一般バスの場合は地下鉄駅近くなどでも停車する生活者対象の路線で、料金も7000ウォンと安い。

❷ 地下鉄

地下鉄は縦横無尽に市内を路線が通り、交通渋滞が激しいソウル市内では最も使いやすく正確な交通手段の１つ。そして、外国人にも利用しやすいよう、路線ごとにテーマカラーで色分けされ、各駅の表記はハングルとローマ字、さらに駅ごとに数字で番号がつけられている。社内アナウンスもハングル、英語の二通りで放送されており、初心者でも安心して利用できる。ソウルでは現在国鉄と地下鉄１号線から８号線までと盆唐（ブンタン）線の９路線が走っており、平日・土曜は深夜１時まで運行している。

切符は通常の普通券（１区間700ウォン）と日本と同じプリペイドカードの定額券がある。この切符は券売機か係員のいる窓口で購入。また、バスと共通で利用できる交通カードならば切符を買う手間も省けるうえ、現金より50ウォン安く乗れる。この交通カードは乗車時と降車時に自動改札にかざして使用する。充電式のプリペイドカードで、駅の窓口、町の売店、個人商店などで購入、充電が可能だ。充電の金額は１万ウォンから可能で希望の金額を差し出せばそのつど充電してくれる。

プリペイド式交通カード。バス停横の売店で購入可能

ソウル地下鉄のホーム。わかりやすくてキレイ

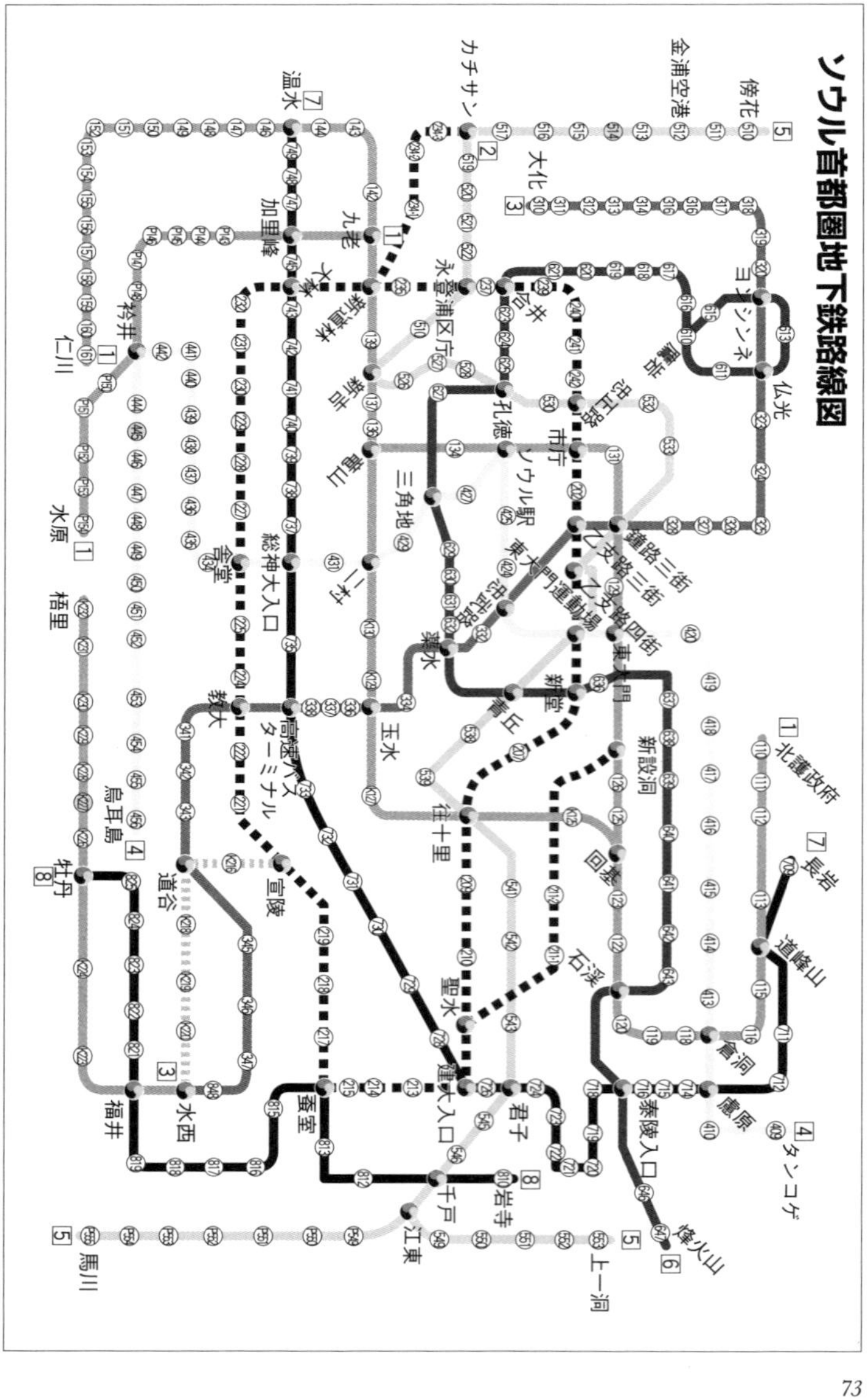
ソウル首都圏地下鉄路線図
金浦空港
傍花
カチサン
温水
大化
ヨンシンネ
仏光
九老
加里峰
大林
新道林
新吉
永登浦区庁
合井
孔徳
市庁
ソウル駅
鍾路三街
乙支路三街
乙支路四街
東大門運動場
東大門
新設洞
新堂
往十里
青丘
薬水
忠武路
三角地
舎堂
総神大入口
高速バスターミナル
教大
道谷
宣陵
水西
福井
牡丹
烏耳島
仁川
水原
梧里
回基
石渓
聖水
建大入口
君子
泰陵入口
倉洞
蘆原
道峰山
長岩
北護政府
タンコゲ
烽火山
上一洞
馬川
江東
千戸
岩寺
蚕室

❸ タクシー

タクシーは中型タクシーと模範タクシーの２種類がある。中型タクシーは初乗り1600ウォン。法律では禁止されているが、相乗りがまだまだ多く、初めて乗った人は驚くかも知れない。韓国のタクシーは日本でイメージする相乗りとは少し違い、知らない者同士で乗り合わせたところで料金を割り勘にはできない。運転手は先に乗車した客についてはメーターを基準に計算し、後から乗ってきた乗客については、行き先を聞きその金額を要求する。相乗りは不便な上、乗り合わせた相手の行き先によっては遠回りをされてしまうなど、自分が不利益を被ることもある。運転手は必ず相乗りの乗客を乗せる前に一言聞いてくるので、はっきりと「シロヨ＝いやだ」と相乗りを拒否する意思を伝えるほうがよいだろう。

模範タクシーでは相乗りがなく、運転手も親切で日本語が通じる場合も多い。初乗りは4000ウォンと中型よりは高めだが、日本に比べるとかなり安いので気軽に乗れる。

タクシー乗り場

一般タクシーはシルバーや白。模範タクシーは黒塗りの大型車

❹ 地方への交通手段　高速バス

ソウルから地方都市へ一番安く行く方法が高速バスだ。市内にあるバスターミナルから各都市へ５～40分間隔で運行されている。

高速バスの種類は路線によって異なるが、おおむね３種類である。一般バス（４列シート）、優等バス（３列シート・料金は一般の1.5倍）、深夜優等バス（22:00～7:00の間に出発する、席の広いバス３列シート・料金は一般バスの1.7倍）。

ソウル市内には数ヶ所のバスターミナルがあり、行き先によって分かれているので調べてから出かけよう。チケットは当日購入するほか、予約をして購入することができる。旧正月や秋夕（旧暦の８月15日をはさんだ３日間）など韓国人が国内を大移動する時期の旅行はかなり混み合うため避けた方がいいだろう。

・高速バスターミナル
Tel：02-535-4151
地下鉄３・７号線「高速バスターミナル駅」下車

・東ソウルバスターミナル
Tel：02-446-8000
地下鉄２号線「江辺（カンビョン）駅」下車４番出口

・南部バスターミナル
Tel：02-521-8550
地下鉄３号線「南部ターミナル駅」５番出口

・上鳳（サンボン）ターミナル
Tel：02-435-2122-8
地下鉄７号線「上鳳（サンボン）駅」で下車２番出口

空港リムジンバス乗り場

❺ 地方への交通手段　鉄道

ソウルから地方に向かうもう一つの交通手段が鉄道だ。「ソウル駅」と「清涼里（チョンニャンニ）駅」の２つの駅があり、行き先によって始発駅が分かれている。

ソウル駅はソウルと釜山（プサン）を結ぶ「京釜線（キョンブソン）」の始発駅だ。ここから全国主要都市に出かけられる。清涼里駅はソウルと慶州（キョンジュ）駅を結ぶ「中央線（チュアンソン）」の始発駅。慶尚北道（キョンサンプクド）と江原道（カンウォンド）方面に行く列車はここから多く出発している。

列車は２種類あり、停車駅の少ないセマウル号と主要駅に停車するムグンファ号がある。セマウル号の場合ソウル－釜山間を４時間半で結ぶ。ムグンファ号は５時間15分かかる。また2004年４月には高速鉄道が開通され、従来の半分の時間、２時間40分でソウル－釜山を結ぶ。

料金はソウル－釜山間セマウル号の普通席３万3600ウォン、グリーン車４万2500ウォン。ムグンファ号の普通席１万9500ウォン、グリーン車２万5900ウォンとなっている。

切符はソウル駅をはじめ国鉄の駅の窓口、旅行代理店で予約や購入ができる。

1925年に建てられた旧ソウル駅。複合文化空間として保存、利用される

2004年４月の高速鉄道開通に伴い新しく生まれ変わったソウル駅

❻ 国内線飛行機

一番速い移動手段はなんといっても飛行機だろう。国内16の空港を大韓航空とアシアナ航空が就航している。ソウル－釜山間が５万4000ウォン（アシアナ航空インターネット割引の場合）と日本の航空運賃の半額以下の値段だ。バスや鉄道で４時間半かかる距離を１時間足らずで目的地に到着できるので、時間の余裕がない時にはおすすめだ。

チケットの予約はインターネットが早くて便利だが、地下鉄の駅や旅行代理店などでも販売している。

大韓航空（KE） http://www.koreanair.co.kr
Tel：1588-2001

アシアナ航空（OZ） http://www.flyasiana.com
Tel：1588-8000

運転免許

韓国で車を運転するためには、日本の免許を国際免許に書き換えるか、日本の免許を韓国の免許に書き換えるか、韓国の運転免許を取得するかの３つの方法がある。国際免許に書き換えた場合、有効期限が１年しかないので、長期滞在を考えている人は韓国の免許に書き換えることをおすすめする。

ただし、韓国のドライバーのマナーは非常に悪い。車間距離を守ればこれ幸いと割り込こまれ事故に巻き込まれることもある。韓国生活で車は有効手段だが、韓国の交通ルールを熟知し、きちんと免許を取得することはもちろん、まずは路上での練習を重ね、実践で運転のコツをつかむことが何よりも重要となるだろう。

❶ 国際免許に免許を書き換える

日本で運転免許を取得している場合、それを国際運転免許に切り換えると韓国でも乗ることができる。

日本国内で国外免許証の申請の際に必要な書類等

・国外免許証交付申請書

・外国に渡航することを証明する書類

・免許証（提示）

・免許証用写真１枚　（申請前６ヶ月以内に撮影した無帽、正面、無背景で、胸から上が写っているもの。大きさ5.0cm×4.0cm）

＊申請場所や受付時間、申請に必要な書類、手数料等の詳細は各都道府県警察の運転免許センターに問い合わせて確認のこと。

❷ 韓国の免許に書き換える

国際運転免許は韓国の運転免許と同じように使えるが、有効期間は１年なので、１年以上滞在する場合は韓国運転免許への書き換えが必要である。韓国の運転免許の有効期間は７～９年で、運転免許の発行を受けるのに通常７～10日ほどかかる。現在の免許を韓国運転免許に書き換える場合、次の手続きを運転免許試験場でしなければならない。代理人による申請は受け付けていないので、本人が出向くこと。視力検査などの簡単な適性検査がある。

【必要書類】
・本国で発行された運転免許証
・パスポート（外国人登録証でも可）または入国証明書
・写真２枚（３㎝×４㎝）
・費用１万ウォン

ソウルの運転免許試験場
江南（カンナム）運転免許試験場　Tel：02-555-0855
西部（ソブ）運転免許試験場　Tel：02-374-6811
江西（カンソ）運転免許試験場　Tel：02-2666-4500
道峰（トボン）運転免許試験場　Tel：02-934-7000

❸ 現地で取得する

韓国での免許取得も日本での場合とほとんど同じで、直接試験を受ける方法と教習所に通って取る方法とがある。試験の流れも日本

とほぼ同様で、学科の筆記試験の後、技能試験があり、仮免の発行となる。その後、路上試験を受け免許取得となる。教習所に通う場合の費用は70万ウォン程度で、期間は１ヶ月程度をみておけばいいだろう。

【必要書類】

・外国人の場合、６ヶ月以上韓国国内に滞在しなければならない。
・韓国人の場合と同じ申込書を作成する。
・外国人登録証またはパスポート
・写真２枚（３㎝×４㎝）
・試験は英語、フランス語、ドイツ語、日本語、中国語で受けることができる。
・免許期間は免許の種類によって７年から９年までといろいろある。
・費用：筆記試験4000ウォン
　　　　技能試験１万3000ウォン
　　　　路上試験１万5000ウォン
　　　　身体検査（視力・聴覚・色盲などの検査）5000ウォン

銀行

韓国の銀行は個人が利用する場合、日本の銀行とほぼ同じだ。一番大きな違いは、韓国の銀行は日本の銀行に比べて驚くほど利子が高いということだろう。普通預金の場合でも0.10％だ（ウリ銀行2004年３月２日現在、１日以上50万ウォン以上の場合）。定期預金になると3.80％以上だ（ウリ銀行2004年３月２日現在）。当面使う予定のない現金は銀行に預けておく方が保管の面から見ても安心だろう。 韓国の銀行の営業時間は平日9:30～16:30。土日祝日は休業。ATMは街の至る所にあり、24時間引き出しが可能なATMも設置されている。最近ではATMが設置されているコンビニも多いので便利だ。

❶ 口座を開く

【口座開設に必要なもの】（ウリ銀行　鍾路支店の場合）

・パスポートもしくは外国人登録証

・印鑑（なければ署名でも可）

・口座に入金するための現金（1000ウォン程度で可）

銀行口座を開く場合、身分証明書（パスポートか外国人登録証）と印鑑（なければ署名でも可）があれば口座を開設できる。その際、連絡先として韓国内の住所と電話番号が必要になる。韓国の銀行では口座を作るとその場で通帳とカードを発行してくれる。

円建てで口座を開設することも可能だ。ウリ銀行の場合、円建て口座開設は無料だが、入金する際に入金額の1.5％の手数料が必要になる。引き出す際にはウォン、円の両方で引き出しが可能。銀行

によって手数料や条件に違いがあるので詳細は各銀行に問い合わせてみよう。韓国では銀行の経営が破綻した場合、1人あたり5000万ウォンまでの預金が預金者保護法で保護されることになっている。

銀行のATM

❷ 日本から韓国への送金

【銀行を利用する】

電信扱いで送金すれば2～3日で届く。速さは魅力だが手数料が4000～8000円程度（送金額による）とやや高めだ。韓国には日本の銀行の支店がいくつかあるが、法人しか扱っていないため個人では送金の受け取りはできない。日本にある銀行のカードで韓国で直接引き出しができるのはシティーバンクや各銀行のワールドキャッシングカードだ。ワールドキャッシングカードとは、日本で専用口座に入金しておき、これを海外で現地通貨で引き出すことができるカードだ。しかし、これらのカードが使用できるATMはソウルの中心街にしかないので、地方に住むの人は不便だろう。ATMの故障も多いので、他の送金方法と併用して利用することをおすすめする。

【郵便局を利用する】

日本から韓国への送金方法は何通りかあるが、一番手数料が安いのが郵便局の国際送金を利用する方法だ。国際送金には受取人の住所宛に為替証書を送る方法と、受取人の郵便口座に送金する方法があるが、ここでは住所宛の送金方法を紹介しよう。

住所宛送金とは、依頼人が郵便局で送金額と手数料を支払い、作成した為替証書を受取人の住所に届けてくれるというサービスだ。韓国へ住所宛送金する場合は、すべてドル建ての為替証書になって送られる。10万円以下は1000円、50万円以下は2000円、100万円以下2500円の手数料が必要になり、送金額が100万円を超える場合は、50万円ごとに500円が上記の手数料に加算される。受取人の住所や郵便事情により異なるが、５～10日程度で証書が届く。急ぎの場合は電信扱いにすると２～４日程度で届く（別途手数料1000円が必要）。受取人は現地の郵便局でこの証書と引き換えに、窓口で現金を受け取ることができる。その際、身分証明書が必要になるので、パスポートなど身分証明書を持参しよう。

電話とインターネット

❶ 加入電話

KT（旧韓国通信）は日本のNTTにあたる韓国通信業界最大手の企業だ。KT加入電話の加入申し込みは、局番なしの100番まで。加入費6万ウォン、外国人登録書かパスポート、通帳のコピーが必要になる。加入の申し込みを電話で済ませると、早い場合は翌日に工事にきてくれる。月額使用料は5200ウォン。市内通話は平日8:00〜21:00が39ウォン／180秒、平日21:00〜翌8:00と日祝日の終日が39ウォン／258秒。日本製の電話機は変圧器を使えば使用できる。電話機は現地でも購入可能で2万ウォン前後から売られている。

❷ 携帯電話

韓国の携帯電話普及率は世界第8位で日本は14位だ。（出典：㈶日本ITU協会「ワールドテレコムビジュアルデータブック2002」）地下鉄の中でも通話が可能で大変便利である。韓国の携帯電話は電話会社によって始めの3桁の番号が決まっている。011・017はSKテレコムの携帯電話、016・018はKTFのPCS（日本で言うPHS）、019はLGテレコム提供のPCSの3種類がある。2004年1月からは新規加入の場合どの通信会社に加入しても010で始まる番号が与えられる。

SKテレコムの場合、外国人が新規加入に必要なものは、パスポ

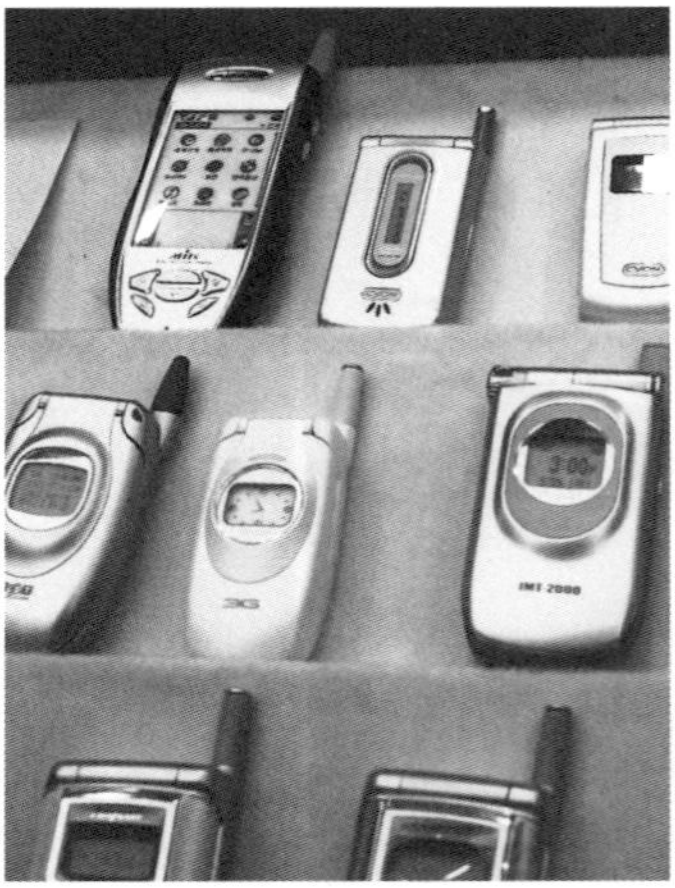
携帯電話の普及率は日本より高い

公衆電話（テレフォンカード使用）

ート、外国人登録証、保証金20万ウォン、新規加入費５万5000ウォンだ。この保証金は料金未支払分を差し引いた額が解約時に返金される。基本使用料は基本プランで月１万4000ウォン、通話料は平日昼間で１分120ウォンだ。（2004年３月現在）外国人が契約をする場合、一般の代理店では加入を断られる場合がある。これは外国人の契約が支店または正規代理店でしか受け付けていないためである。

電話機は日本よりやや高く10万ウォン台〜最新のものになると60万ウォン程度する。市価より安く販売されているものは「義務使用期間」（一定期間内の解約を受け付けない）が設けられていたり、高めの基本使用料が設定されているものがあるので、よく確かめた上で契約しよう。中古の電話機も売られているので、機能にこだわらない人は旧式の中古品を買うのもいいかもしれない。現在使用していない電話機を友達などから譲り受けてもいいだろう。

通話料が割高になるがプリペイド式の携帯電話もある。この場合、保証金や加入費、基本使用料が必要ないので電話機さえあれば誰で

もすぐに利用できる。SKテレコムの支店・正規代理店に電話機を持参し、プリペイドカードを購入し、登録する。カードは１万ウォンから５万ウォンまであり、カードの利用期間はカードの金額により30日〜150日が設定されている。

❸ インターネット事情

韓国は人口の約半数以上がインターネットを利用している。「ブロードバンド（大容量高速）通信網」の普及が人口比で世界１位を誇る。韓国のブロードバンドの加入者数は2002年３月末で879万人、米国（916万人）に次ぐ世界第２位だ。日本は387万人と、2001年度の１年間で約4.5倍に急増したものの、世界第３位となっている。マンションには光ファイバーやCATVなど、インターネット用の高速回線が事前敷設してあり、街の至る所にはPC房（ピーシーバン）と呼ばれるインターネットを時間単位で提供する店も数多く見かけられる。

PC房はインターネットカフェというよりはオンラインゲームセンターに近いが、１時間1000ウォン程で利用できる。繁華街だけでなく住宅街や駅の近辺などあちこちにあり、24時間で営業するところも多く学生達で賑わっている。実際PCバンの普及とともに夜遊びをする未成年者も増え、18歳未満の利用者は20時までと制限されている他、暴力性や中毒性の強いゲームの利用も法律での年齢制限が設けられるなど社会現象も引き起こしている。しかしPCバンはゲーム以外にも有効利用でき、特にパソコンを持たない外国人には強い味方だ。ウェブ上でメールをやりとりできるアドレスを持っていればメールも可能だ。ただしその場合、日本語フォントのインストールが必要となるが、インストールの方法は簡単なので、覚えてしまえばどこででも日本語を読み書きできるようになる。

たくさんの大学があつまる学生の街「新村」(シンチョン)のPCバン

毎日パソコンやインターネットを使う場合、PC房は割高になるので、自宅にインターネットを引いた方がいいだろう。通信最大手のKT、業界第2位のハナロ通信ではADSLやケーブル回線を使ったサービスを提供している。加入は電話で申し込み後、ファックスでパスポートか外国人登録証のコピーを送付すると設置にきてくれる。料金はハナロ通信のライトコースの場合、設置加入費3万ウォン、月額使用料3万3000ウォン、KTのADSLライトコースの場合、設置加入費3万ウォン、月額使用料4万ウォン（使用期間による割引あり)。ケーブルの場合、住所や住居の形態によって設置が不可能な場合もあるので問い合わせて確認してもらおう。

パソコンは日本から持ち込んだものを使用できるが、韓国は220Vなので日本の110Vの製品をそのまま差し込んで使うことはできない。ACアダプターが220Vに対応していればプラグ（1000ウォン程度）を購入し使用可能。対応していない場合は変圧器（2万5000ウォン程度）を使おう。

はみだしコラム

PC バン

「ブロードバンド社会　韓国」のシンボル、PC バン。

店内には PC がずらりと並び若者達がオンラインゲームを楽しむ。オンラインゲームとはインターネット上で遊ぶ対戦ゲーム。このオンラインゲームが PC バンの普及の要因になったと言われている。日本のテレビゲーム専用機とは違い、人数、国籍を問わず、インターネット上にいる人であれば誰でも参加できるのが特徴だ。見知らぬ者同士がチャットを通して会話をし、対戦している。

若者達が自宅ではなく PC バンでゲームをするのには、いくつかの理由がある。まず１つは価格、１時間1000ウォン前後の PC バンは学生達が気軽に長居できる空間である。さらに人気のオンラインゲームは殆どが有料コンテンツであるが、PC バンの場合はゲームソフト制作会社と PC バンとの使用契約が結ばれているため、PC バン利用者はゲーム使用料を支払わずに PC バン利用料だけで存分にオンラインゲームが楽しめるのだ。つまり、自宅でゲームを楽しむより格安なのである。

２つ目の要因は親の目が届かないこと。教育熱が高い韓国では、殆どの家庭で子供に PC を買い与えてはいるが、子供達が自由に使えるのは、サイバー教育や宿題など。娯楽的なものといえば、せいぜいテレビドラマの再放送を見るくらいである。長時間オンラインゲームなどを楽しもうものなら、親の風当たりが随分ときついそうだ。

日本のインターネットカフェとは違い、PC バンのメニューはカップラーメンやスナック菓子、缶ジュース程度。もちろん必ず注文しなければならないというものではなく、飲食代がかさむ心配がないことも学生達に受けている理由の１つであろう。

最新の PC バンには仕切りの付いたカップルシートなども登場。カップル達は画面を見ながら楽しくお話。デートスポットとしても人気を博している。

健康管理

❶ 韓国で気をつける病気

韓国に渡航する際、義務づけられている予防接種はないが、やはり下痢などの症状に苦しむ人は多いようだ。韓国での下痢の原因の殆どは食中毒、または汚染された食品や飲料水の摂取などである。また肝炎に代表されるように、感染者との接触で直接に感染する経口感染が多いようである。

韓国では屋台などでの食事の機会も多いが、衛生管理は十分とは言えない。特に、客同士共有して使うしょうゆだれや刺身、野菜のような生ものは十分に注意する必要がある。また酒の席では、杯を回し合い友情を確かめ合う韓国独特の風習や、食事を取り分けず、つつき合う食事の習慣から、一時期Ａ型肝炎が国内で流行したことがあった。Ａ型肝炎もやはり経口感染症であり、飲食の際の十分な注意が必要となるだろう。この病気はワクチンで予防できる感染症で、病気が致命的になることは稀だが、感染者のほとんどは著しく衰弱し、数週間から数ヶ月間仕事ができなくなることが多い。

感染症の予防策としては①生水は飲まない。ミネラルウォーターか煮沸水を飲用する。水割りの氷も安全な水からつくる。②口に入れるものは全て加熱調理（自分で皮をむいた果物だけは生でＯＫ）。調理したらすぐ食べる。③用便後、帰宅後、調理前、食前の手洗いを励行することなど。

衛生状態が悪い飲食店や市内の横丁等で見られる屋台（ポジャンマチャ）で生もの（特に生ガキ等の貝類）を食べることは衛生上問題があり、食中毒や肝炎等の原因になりかねない。特に暖かい時期

延世大学付属の大学病院。セフランス病院。国内最新の設備が整う

は食べ物に注意が必要だ。

韓国には街中いたるところに薬局があり、薬を容易に入手することはできるが、大半の薬局では日本語が通じず、薬効が強すぎる薬が多いことから、常備薬は日本から持参することが望ましい。体調に異常を感じたら、素人療法で持参した薬を飲んでしのいだりせず、病院で診断を受けよう。

❷ 病院

滞在中大きな病気や怪我はなくても、やはり風邪などのちょっとした病気には見舞われる。健康とはいえ、日本で生活するのと同じくらいは病院の世話になることになるだろう。ちなみに韓国には日本語が通じる病院が多々ある。韓国語に自信があっても、病状など

細かな表現は難しいもの。ましてや具合が悪い時などは韓国語で話す余裕もない。できるなら日本で診断を受けるのが最善だが、いざという時に「日本語が通じる病院」はチェックしておく必要がある。なお救急車の要請は日本と同じ119番。無料だが、病院の指定はできない。また、韓国語が達者であれば、行きたい病院の救急車を依頼するという方法もある。韓国の救急車は手配や到着に時間がかかることもあるので、急を要するときは状況判断をし、直接病院に向かうようにする。

❸ 日本語が通じる病院リスト

趙小田内科（チョウオダネクァ）
診療科目：消化器、呼吸器、循環器、小児科、内科（新宿に小田クリニック有）
予約：要（金・土・日は小田先生が来られている場合有）
住所：江南区駅三洞747-26　百南ビル２階
（駅三駅２番出口から400m）
Tel：02-553-1919

松山クリニック（ソンサンクリニック）
診療科目：内科、皮膚科、小児科、泌尿器科
予約：要（先生は日本育ち）
住所：竜山区東部二村洞302-46
（地下鉄４号線「二村駅」より約徒歩10分）
Tel：02-790-9677　携帯電話：011-214-3013（往診も可能）

権小児科医院（クォンソアクァウィウォン）
診療科目：小児科（大人も可）

予約：どちらでもＯＫ（先生は女性）
住所：竜山区東部二村洞レックス商店街114
（地下鉄４号線「二村駅」よりレックスアパート行バスに乗り２つ目「チョンボサンガ」で下車、そこから徒歩１分）
Tel：02-795-3357

セソウル歯科（セソウルチクァ）
診療科目：歯科
予約：要
住所：江南区新沙洞598-3　元方プラザビル３Ｆ
（地下鉄３号線「狎鴎亭」２番出口より徒歩約３分）
Tel：02-543-9933（火・木は21時まで診療）

洪哲眼科（ホンチョルアンクァ）
診療科目：眼科
予約：要
住所：江南区新沙洞615
（地下鉄３号線「狎鴎亭」２番出口より徒歩約３分）
Tel：02-542-0409

ウテハ・ハンスンギョン皮膚科
診療科目：皮膚科
予約：不要
住所：竜山区葛月洞15-3
（地下鉄４号線「淑大入口」駅下車徒歩５分）
Tel：02-756-2590

延世女性クリニック
診療科目：産婦人科
予約：すればなおよし（先生は女性）

住所：竜山区漢南洞273-3　チョンファビル２階
（地下鉄１号線「漢南」駅下車徒歩15分）
Tel：02-790-0802

❹ 保険

韓国に渡航する前に万が一の「病気・ケガ」等に備えて海外旅行保険に加入しておくほうがよいだろう。一口に海外旅行保険と言っても様々な種類があり、ここではクレジットカード付帯型の海外保険、保険代理店による海外保険、ワーキングホリデー専用の海外保険などを種類別に紹介する。なお、日本国内の代理店が取り扱う保険に関しては、申し込み時に日本居住者でなければならない。つまり、外国からの申込みはできないということになる。また、海外旅行保険に加入しても保険の対象とならないケガや病気もあるため加入の際、保険の内容をきちんとチェックしなければならない。保険の申し込みは保険会社で受け付けているが、うっかり忘れて海外旅行保険に加入をしていなかった場合でも、出発当日、空港内の各保険会社の窓口で加入できる。

【クレジットカード付帯型海外旅行保険】

JCB カード

カードの種類により自動付帯している保険は異なる。
JCB では、「海外旅行傷害保険」が付帯しているカードであれば、カード利用の有無にかかわらず保険の適用を受けることができる。対象となる保険期間や保険内容については事前に確認しておこう。また、本会員以外の子供も保険の適用が受けられる「家族特約サービス」が付帯しているカードもある。
〈問い合わせ先〉

JCBインフォメーションセンター　0120-015-870（9:00〜17:00 日・祝休）

詳しくは　http://www.jcb.co.jp/

UCマスターカードの海外旅行傷害保険

新規で申し込む際、加入の翌日以降出発の旅行より適用される。保険期間は、カード会員有効期間内に開始された旅行期間中となる。旅行期間を延長した場合も、日本を出国した日から、３ヶ月後の午後12時まで有効だ。

【保険会社による海外旅行保険】

AIU

海外旅行保険を主に取扱っているのがこの会社。AIUで行なっている海外ネットワークを通じ、治療費を直接現地病院へ支払いするシステムを整えているので、万が一起きたケガや事故、病気の場合も安心だ。以前はケガの治療・疾病の治療・救援者費用など、保険金は各範囲内でしか受けとれなかったのだが、近頃はこれらをひとつにまとめトータル費用として受けとれる「治療・救助援費用特約」ができた。

詳しくは　http://www.aiu.co.jp/

損保ジャパン

この会社は安田火災海上保険と日産火災海上保険が2002年７月１日に合併した会社だ。ここでも、海外旅行保険を取扱っている。サポート体制が充実しており、海外旅行保険に加入すると24時間海外のどこからでも日本語による電話サービスが受けられる。韓国にフリー（個人）旅行で行く場合、自分で必要な保険だけのプランが自由に組める。特に「新・海外旅行保険【off！】」は、最大45％引きという価格に加え、業界初となる「行き先別リスク細分型保険料」の採用、「１日刻みの保険料体系」の導入など、海外旅行者のニー

ズを反映した画期的な商品だ。
詳しくは、http://www.sompo-japan.co.jp

ジェイアイ傷害火災保険

JTB（株式会社ジェイティービー）旅行会社と、AIG（アメリカの保険機構）サービス業界のリーダーとも呼ばれている会社とが合弁した会社だ。この会社では海外旅行保険はもちろん、海外先で安心して生活ができる、留学向けの海外旅行保険「留学生プラン」も取扱っている。その他、個人向けプラン・家族プラン等、自分にあった海外旅行保険を選ぶことができる。
詳しくは　http://www.sekai1.co.jp/travel/insurance/

【ワーキングホリデー専門の海外旅行保険】

韓国にワーキングホリデーで行く場合には、ワーホリネットとAIUが共同開発した「ワーホリ@保険」が便利だ。これは、ワーホリネットのオリジナルプランで、12ヶ月間で８万8500円からとお手ごろ。その他のプランも豊富に揃えてある。だが、この保険は海外留学・ワーキングホリデーでの渡航者対象の限定プランのため、インターネットだけでの申し込みとなる。
詳しくはhttp://workingholiday-net.com/insurance/

【韓国の国民健康保険を利用する方法】

韓国に１年以上滞在する予定の人は韓国の国民健康保険に加入することができる。保険料は所得の有無によってちがい、韓国国内で所得があり職場で加入の場合、所得の3.94％（03年度）、所得がない場合は４万840ウォンを払えば外国人でも韓国の国民健康保険に加入することができる。留学生の場合は30％の割引が受けられる。保険の加入申請は国民健康保険公団の各支所へ必要書類を提出し申請する。保険料は外国人登録を済ませた日にさかのぼって徴収され、３ヶ月分を前払いする。

申請に必要な書類
・外国人登録証
・パスポート
・賃金明細書など所得を証明できる書類
　詳しくは、国民健康保険公団本部　Tel：02-3270-9114
　http://www.nhic.or.kr

【日本の国民建国保険から払い戻しをうける方法】

日本の国民健康保険に加入している人は、海外で治療を受けた場合、治療費の一部を帰国後申請すれば払い戻しを受けられる。海外で支払った医療費は、基本的には、日本国内での保険医療機関等で疾病や事故などで給付される場合を標準として決定した金額（標準額）から、被保険者の一部負担金相当額を控除した額が海外療養費として支払われる。

具体的には、実際に支払った額（実費額）が標準額よりも大きい場合は、標準額から被保険者の一部負担金相当額を控除した額となる。また実費額が標準額よりも小さい時は、実費額から被保険者の一部負担金相当額を控除した額が払い戻されることとなる。

心臓や肺などの臓器の移植、人工授精等の不妊治療、性転換手術などは対象外。あくまでも、その医療行為が日本国内で保険診療の対象となっているものに限られており、世界でもまれな最先端医療、美容整形などの医療も対象外。詳細については、市町村の国保の窓口（または国保組合）に問い合わせよう。

市町村（国保組合）への払い戻し金の請求期限は、その治療費を支払った日の翌日から起算して２年間だ。

現地では全額自己負担による支払をしなければならないこと、同じ内容の治療でも日本での医療費と韓国での医療費に開きがある場合差額は自己負担になるなど、海外旅行傷害保険に比べて不便な点が多い。長期滞在する場合はやはり海外旅行保険に加入することをおすすめする。

【申請の方法】

海外で

1.受診した海外の医療機関では、一旦、かかった金額の全額を支払う。

2.その医療機関で、治療内容やかかった医療費などの証明書を書いてもらう。

　⑷「診療内容明細書」（治療内容が記載された証明書）

　⑻「領収明細書」（医療費が記載された証明書）

　または⑷、⑻に準ずる証明書

上記⑷、⑻証明書は決められた様式があり、下記のホームページからダウンロードするか、もしくは市町村・国保組合の担当窓口にあるものを持参する必要がある。

帰国後

3.加入している市町村・国保組合へ申請する。

申請時に必要な書類

・上記２の⑷「診療内容明細書」⑻「領収明細書」

・「療養費支給申請書」（市町村・国保組合の担当窓口に備え付けてある）

なお、証明書が外国語で記載されている場合には、その日本語の翻訳文を添付することが必要条件となっている。翻訳は正確であれば誰が行なってもよい。

4.市町村・国保組合から保険給付分が払い戻される。

国民健康保険中央会のホームページ　http://www.kokuho.or.jp/

❺ 医療費の実例

海外生活中に病院のお世話になると、医療費というのは随分かかるものである。長期滞在者になると、日本出国時にかけておいた海外旅行保険も期限が切れてしまい、風邪などの軽い症状でも医療費の負担は重いようだ。ここでは実際に病院で診てもらった５人の治療費の実例を紹介する。もちろん保険の有無、病気の程度によって医療費は異なるが、医療費の一応の目安となるだろう。

	Ａさん	Ｂさん	Ｃさん	Ｄさん	Ｅさん
保険	無し	有り	無し	無し	有り
病院	個人病院	耳鼻咽喉科	歯科	歯科	皮膚科
病状	風邪	扁桃腺の炎症	歯痛	歯痛	ストレスによる肌荒れ、湿疹
診察内容	問診	問診	レントゲン撮影、親知らずの抜歯	歯石取り、金歯を入れる	問診
診察料	２万ウォン	3000ウォン	レントゲン…5000ウォン 抜歯…８万ウォン	初診料…２万ウォン 歯石取り…６万ウォン 金歯…16万ウォン	初診料…1500ウォン
薬代	2000ウォン	1500ウォン	無し	無し	1500ウォン
合計	４万ウォン	4500ウォン	13万ウォン	24万ウォン	3000ウォン

注）韓国では歯科は保険が適用されない。これは韓国人に関しても同様である。渡航する前には歯科治療を済ませておくのが一番だ。

❻ 漢方薬

韓国にはさまざまな漢方薬がある。「モメチョッタ」（体にいいもの）好きな韓国人は、常に健康を気遣い「体にいい食べ物」「精が付く料理」「健康食品」が日常生活の中に取り入れられている。なかでも漢方薬は韓国人の生活に深く浸透している。

風水の基本ともなっている陰陽思想に基づき、漢方を処方する際には人間の体質を４つに分類している。自分がどのタイプなのかを漢方医に診断してもらい、体質にあった漢方薬を処方してもらうことが大切だ。例えば、高麗人参は体にいいことで知られているが、体質によっては効果が期待できない場合もある。体にいいとされている食べ物も自分の体質にあっていなければ、何の役にも立たないというわけだ。

市場に並ぶ漢方薬の薬草類

韓国では街のあちこちで漢方薬が売られている。「漢医院」と書かれた漢方の病院では体質の診断から漢方薬の処方や鍼灸治療など様々な東洋医学による治療を行なっている。漢方薬には即効性は期待できないが、西洋医学では治らない慢性的な疾患で悩まされている人や、体にやさしい薬で治療したい人にはおすすめだ。

漢方薬の代表で高麗人参、ナツメ（大棗）、桔梗等々の薬草数は200〜300種類あると言われている。その他、漢方薬のドリンク、お茶等もたくさんの種類がある。一度試飲してみるのもいいだろう。

ここで漢方薬のお店が300件以上立ち並ぶ韓国最大の市場を紹介しよう。そこは、ソウル市東大門区にある京東薬令市場（キョンドンヤンニョンシジャン）という所だ。地下鉄駅１号線の祭基洞駅（チェギドン駅）で降り、２番出口に向かって行くとすぐに京東薬令市場がある。駅を降りた時からすでに漢方薬の匂いが漂っている。この市場ではどこのお店にも壁一面に小さな引き出しがあり、そこからいろいろな漢方薬をだしてきて調合してくれる。第１、３日曜日は市場の定休日。

韓国語

❶ 日本語と韓国語

「ハングル」とは韓国語の文字のこと。「ハン」は“大いなる”、「グル」は“文字”という意味。時々「韓国語」のことを「ハングル語」というのを見かけるが「ハングル」は韓国語を表記するのに使われる「文字」を指すので、この表現はおかしいことになる。このハングルは1443年朝鮮王朝時代、世宗（セジョン）大王のもと学者たちが集まって作ったもの。それまでは漢字が使われていたが一般層まで浸透するのは難しく、誰でも簡単に使える文字を作ろうという目的で、1446年『訓民正音（フンミンジョンウム）』という書により公布された。このように作った人物や作られた時期、その目的が明確な文字は非常に珍しい。

このハングルは母音と子音を組み合わせて音を表す大変体系的なもので、子音は発音器官を模しており、母音は発音する際の口の形を象徴している。非常にシンプルな形であることから学びやすい文字だと言われている。ハングルは始め28文字作られたが、現在では10の基本母音と14の基本子音、またこれから派生した複合母音や子音などがあり、これらを「子音＋母音」、「子音＋母音＋子音」などと組み合わせて表記する。韓国で暮らすためにはまずこのハングルを覚える必要があるだろう。

日本語との共通点は、まず語順が同じだということ。このことは韓国語が日本人にとって最も勉強しやすい外国語だと言われている理由だろう。次に漢字語を使うこと。例えば「計算」は「ケサン」、「準備」は「ジュンビ」、「新聞」は「シンムン」のように全く同じ

漢字を用い発音も類似している場合が多い。

相違点としては文字と発音体系があげられる。日本語はひらがなを使うが、韓国語はハングルを使う。ひらがなは万葉の時代から徐々に変形し使われてきた文字だが、ハングルは約560年前に人工的に作られた世界で最も新しい文字の一つである。ハングルは一見複雑そうに見えるが、10の基本母音と14の基本子音さえ覚えてしまえば後はそれの組み合わせなので応用が利く。母音・子音の数が多いということは日本語にない発音があったり、日本語では区別しない音を区別しなければならないので注意が必要だ。

ハングル文字の表記と発音

	表記	ローマ字	発音
母音	ㅏ	a	[a] “ア”
	ㅣ	i	[i] “イ”
	ㅜ	u	[u] 唇を尖らせて “ウ”
	ㅡ	eu	[ɯ] 唇を平らにして “ウ”
	ㅔ	e	[e] “エ”
	ㅐ	ae	[ɛ] “エ”
	ㅗ	o	[o] 唇を尖らせて “オ”
	ㅓ	eo	[ɔ] 口を大きく開けて “オ”
半母音・二重母音	ㅑ	ya	[ja] “ヤ”
	ㅠ	yu	[ju] “ユ”
	ㅖ	ye	[je] “イェ”
	ㅒ	yae	[jɛ] “イェ”
	ㅛ	yo	[jo] 唇を尖らせて “ヨ”
	ㅕ	yeo	[jɔ] 口を大きく開けて“ヨ”
	ㅘ	wa	[wa] “ワ”
	ㅟ	wi	[wi] “ウィ”
	ㅞ	we	[we] “ウェ”
	ㅚ	we	[we] “ウェ”
	ㅙ	wae	[wɛ] “ウェ”
	ㅝ	wo	[wɔ] “ウォ”
	ㅢ	ui	[ɯi] “ウイ”
平音（子音）	ㄱ	g	[k/g] ガ行音
	ㄴ	n	[n] ナ行音
	ㄷ	d	[t/d] ダ行音
	ㄹ	r/l	[r/l] ラ行音
	ㅁ	m	[m] マ行音
	ㅂ	b	[p/b] バ行音
	ㅅ	s	[s] サ行音
	ㅇ	ng	[ŋ] ア行音
	ㅈ	j	[tʃ/dʒ] ジャ行音
	ㅎ	h	[h] ハ行音
激音	ㅊ	ch	[tʃh] ㅈの激音
	ㅋ	k	[kh] ㄱの激音
	ㅌ	t	[th] ㄷの激音
	ㅍ	p	[ph] ㅂの激音
濃音	ㄲ	kk	[?k] ㄱの緊張した音
	ㄸ	tt	[?t] ㄷの緊張した音
	ㅃ	pp	[?p] ㅂの緊張した音
	ㅆ	ss	[?s] ㅅの緊張した音
	ㅉ	tch	[?tʃ] ㅈの緊張した音

ハングル文字のしくみ

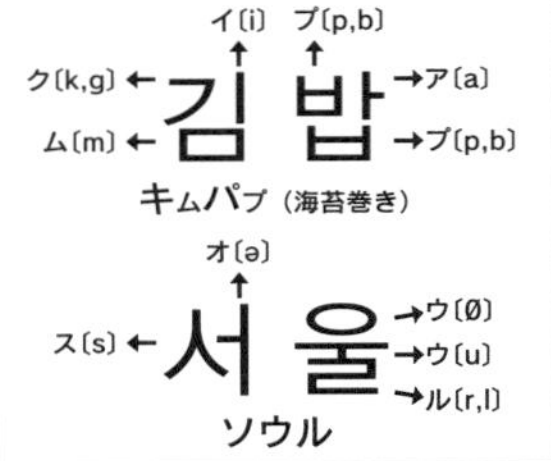

ハングル文字の組合せパターン

延世大学

❷ 韓国語を学ぶ

【大学付属の語学堂】

韓国語を学ぶ外国人のために延世大（ヨンセデ）、高麗大（コリョデ）、梨花女子大（イファヨデ）などの主な大学には語学堂（オハクタン）という語学研修用のプログラムが用意されている。大学付属機関の場合、１年を４学期に分けて学生を募集している。１学期は約10週間で月～金の午前９時～12時まで１日４時間の授業が行なわれる。学期中には中間・期末テストがあり、出席などもチェックされ、落第すると進級できないこともある。また学校によっては遠足や社会見学などの行事が行なわれるところもある。費用は１学期につき120万～140万ウォン程度だ。レベルはおおむね６段階に分かれており、入門の１級から上級の６級までがある。入学時にレベルチ

ェックテストや面接を受け、クラス分けされる。

延世大学・延世語学院　韓国語学堂
韓国語教育機関として最も歴史があり、韓国では一番有名な語学堂だ。基礎からの積み上げ式でしっかり勉強したい人にはおすすめ。授業の進度はやや速めで課題も多い。正規の教育課程に加え３週間の過程や夜間のクラスも設けている。
Tel：02-392-6405

高麗大学・国際語学院　韓国語教育センター
トウミ（韓国語で手伝う人の意味）制度があり、日本語学科の大学生や日本語ができる学生がボランティアで交流会や勉強会を行なっている。
Tel：02-3290-1455

梨花女大学・言語教育院
韓国の名門女子大学。語学学校は男子でも入学可。
Tel：02-3277-3183

西江大学・韓国語センター
遠足などの行事も多く、授業は自由な雰囲気があり、会話重視。
Tel：02-705-8088

ソウル大学・言語教育院
大学や大学院への進学を目的とした学生が多いので、授業は読み書き中心。
Tel：02-880-5488

韓国外国語大学・外国語研修評価院　韓国語課程
文法・会話ともに重視。

Tel：02-961-4174

【語学スクール】

学院（ハグォン）と呼ばれる語学スクールには外国人に韓国語を教えるコースを設けていたり、韓国語専門の学院もある。毎月初めに授業が開始され、大学よりも１学期が短いのが特徴だ。１ヶ月単位で授業をとることができる学院もある。授業料は１日２時間で19万ウォン〜。

カナタ韓国語学院

１年に６学期があり、１学期が８週間。週に４日、午前10時から３時間の授業。１学期中４週間だけでも勉強することができる。そのほか個人授業も受け付けている。

Tel：02-332-6003

時事英語学院

韓国人に英語や日本語、中国語を教える学院のなかに外国人に韓国語を教えるコースが設置されている。１学期は４週で毎月初めに開講する。授業は月曜日から金曜日まで毎日２時間のコースと週３回のコースがある。

Tel：02-2278-0509

【韓国語能力試験】

韓国語能力試験は韓国教育課程評価院が主催し、大韓民国教育部が認定する試験だ。韓国語を母国語としない人の韓国語の能力を客観的に評価することと韓国語の普及を目的として実施されている。

韓国語能力試験は世界７ヶ国（韓国、日本、中国、米国、カザフスタン、ウズベキスタン、モンゴル）で毎年９月に実施されている。過去の出題問題は書店などで販売されている。

レベルは１・２級（初級）、３・４級（中級）、５・６級（上級）

の６段階に分かれている。各級とも問題は文章形成、語彙および文法、聞き取り、解読の４つの領域に分かれており、各100点満点、合計400点満点。合格基準は各領域がそれぞれ40点以上で合計240点以上得点すること。

試験は１年に１回で毎年６月～８月初旬頃申し込みをし、９月中旬の日曜日に試験が実施される。

詳しくは、財団法人　韓国教育財団まで。

〒106-8577　東京都港区南麻布1-2-5

Tel：03-5419-9171　　Fax：03-5419-9172

韓国経済

経済開発時代の幕開け

1962年、朴正熙（パクチョンヒ）大統領により「経済開発５ヶ年計画」が発表された。韓国経済の新時代の幕開けである。５ヶ年計画の第１期は1962〜66年、第２期は1966〜71年。この間に朴大統領は雇用の拡大と外貨獲得を目的とした輸出主導型の政策を進めていく。第二次世界大戦後、日本が原材料を輸入し加工製品の輸出により高度成長を遂げていったのと同じような道を歩んだのだ。

朴大統領は金融界にも手を入れる。1961年には市中銀行（シチュンウネン）を国有化し政策金融を行なった。さらには、本来、政府から独立して運営されるべき中央銀行、韓国銀行の最高意思決定機関に政府の財務部長官を兼任させた。

1970年代になると政府は「重化学工業宣言」と共に、造船、鉄鋼、機械などの分野に力を注ぎ、低金利の融資が特定の企業に流れ込んだ。当時の韓国はインフレ状態にあり、国の保護のもとに低金利で融資を受けられる重化学工業分野の企業は、実質マイナス金利での融資を受けているも同然だった。こうして特定の分野で資金の受け取り手となった企業は急成長し、次々と事業を拡大し財閥へと変貌を遂げていった。韓国を代表する財閥は30ほどあり、上位の「現代（ヒョンデ）」、「三星（サムソン）」、「LG」などは日本でもよく知られるところとなった。こうして70年代には財閥支配の経済構造が作り上げられ、財閥の発展と共に韓国経済も急成長していったのだ。

「漢江の奇跡」

目覚ましい韓国経済の成長ぶりを人々は「漢江（ハンガン）の奇跡」と呼んだ。韓国の高度成長期である。漢江はソウル市内を流れる大きな河。河を挟んで北部を江北部（カンボクブ)、江南部（カンナムブ）と呼ぶ。高度成長以前は政治、経済、文化の中心は江北部であったが、この高度成長期を境に江南部が猛スピードで開発されていった。韓国ではまだ珍しかった高層アパートが建設され、大規模なオフィスビルが建ち並び、教育機関も江南へと動いた。子供を持つ親たちはよりよい教育を受けさせようと優秀な学校、教師を求めて江南に移り住んだ。今ではこの江南地区は韓国一のオフィス街であり、一般市民は「いつかは江南」へと思い描く高級住宅地となった。

そして、街の発展と共に人々の暮らしも充実していく。1970年当初は249ドルだった国民総所得が1995年には１万ドルを超えた。着実に先進国への道を歩み始めた韓国は1996年、別名「先進国クラブ」と呼ばれている、OECDへの加盟も果たした。アジア地域でこのOECDへ加盟しているのは日本と韓国の２ヶ国だけである。まさに「漢江の奇跡」。韓国人は戦後の苦しみから立ち直り、ようやく自信を持ち始めた。

韓国経済に暗雲

このように急成長した韓国経済であったが、その経済成長は永遠ではなかった。無理な規模拡張が原因で財閥が一つまた一つと倒産していった。大手の銀行は莫大な不良債権を抱え、短期資金を融資していた海外の金融機関からも不信感が高まった。時を同じくして

タイの金融危機が起こった。アジアへの不信感はさらに強まり、韓国への融資を行なっていた海外の金融機関は一斉に引き揚げにかかった。海外からの短期資金に頼っていた韓国経済は混乱を極める。外貨保有高は30億ドルにまで落ちこんだ。

韓国政府は日本やアメリカに救済を求めるもののうまくいかず、1997年、IMFへの支援要請の道を選んだ。IMFは、緊縮財政により1998年の財政赤字を1%までに減らすこと、為替安定のために金利を上昇させることなどを条件に550億ドルの支援を約束した。しかし、このIMFの支援受け入れは、年率10%近かった経済成長率を1998年には3%まで落とすことになった。OECD加盟からわずか1年足らず、先進国の仲間入りを果たし、希望に胸を膨らませていた韓国の夢は一瞬にして砕かれた。

このIMFの管理下におかれる屈辱は、韓国人のプライドをこのうえなく傷つけた。国内では政府の呼びかけにより金を集める運動が始まった。韓国では子供が生まれるとお祝いに必ず金の指輪を送る習慣があるので、どの家庭でも多少の金を持っている。IMFの管理国家という汚名返上とばかりに、各家庭が保有している金を一斉に国に売ったのだ。その総額は220億ドル近くに上ったという。国の名誉を守るためにはいたしかたなし、実に韓国人らしい運動であった。こうして韓国は550億ドルの借り入れを2001年の管理下に置かれてから4年の歳月をかけIMFに全て返済した。

IMF支援は韓国の国民を失意の底に陥れた大事件ではあったが、政経癒着、大企業の無計画な事業拡大、輸出入の不均衡など、皮肉にも高度成長期にたまった韓国経済の膿を一気に吐き出す機会ともなったのだ。

IT産業で勝負を掛ける

今、韓国は世界最先端のブロードバンド大国だ。ブロードバンドの利用は800万世帯を超え、町のあちらこちらにはPC房(PCバン)と言われるインターネットカフェがあり、テレビドラマもインターネット放送で楽しんでいる。主婦はオンラインショッピングを楽しみ、子供はPCで宿題をする。恐るべき勢いでブロードバンドが普及している。

ここまで韓国のIT産業を発達させた立役者は「ITなくして明日はない」と徹底的にブロードバンド普及を推し進めた金大中（キムデジュン）大統領だ。金大中氏が大統領として就任したのは1998年２月。韓国はIMF管理下に置かれ、経済危機の真っ只中にあった。その中で金大中大統領は一環して「情報戦略」を推進した。1999年には「サイバーコリア21」を発表し、超高速通信網の整備、ベンチャーの育成と支援、デジタルデバイト（情報格差）の解消、教育における情報化促進などを国家目標とした。

特にデジタルデバイトの解消には力を注ぎ、国民だれもがインターネットを使えるよう、「国民情報化総合計画」を打ち立て、「IT講習」を進めていった。まず始めは小中学校でのIT教育。小中学校に100万台のPCを配備し、各学校をインターネットで結んだ。さらに教室へのインターネットの接続も100％完了させた。次には軍隊での「IT教育」。韓国では徴兵制があるため18歳以上の男性はみな軍隊に行く。仮に小中学校でIT講習を受けられなかった者でも軍隊でしっかりと叩き込まれるのだ。もちろん子供や軍人以外でもＩＴ技術を身に付けられるように、全国の郵便局に情報教育センターを設置。郵便局に「国民コンピューター貯蓄預金」を設けてコンピューターの購入受付を行ない、２回以上貯蓄をした人には割り引き、さらには優先的にコンピューターを設置した。これにより、購入が困難だった地方の家庭へもいち早くコンピューターが普及した。普及率は2001年の時点で30％を超えている。

金大中大統領は、ブロードバンドの環境作り、コンピューターの普及のためにユニークなアイデアを次々と実践し、「誰でも使える

2002年ワールドカップ。ベスト8に進出した韓国対イタリア戦。執念のゴールに韓国中が沸いた

インターネット」を実現していった。こうしたインターネットブームの追い風に乗り、ベンチャー企業も増え続けた。IMF 不況のあおりで職を失った者、独立したい若者が国の支援のもと一斉に起業した。こうして IT 産業は躍進していくのである。

しかし、2003年の現在、猫も杓子も IT に飛びついた「IT バブル」は終息を迎えていると言われている。特に一般ユーザー向けにコンテンツのサービスを提供していた業者は無料サービスという手段で会員数獲得やコミュニティーの形成を強引に推し進めたため、インターネット整備が十分に整いユーザーが増えた今となっては有料化への転換が図れず、苦しんでいるのだ。

現状では、優良コンテンツの開発に成功し、商業ベースに乗せることができた企業だけが生き残り、自然淘汰の時期へと差しかかっている。一方、国内の沈滞ぶりとは裏腹に IT 企業の海外進出は順調なようである。

年代	大統領	出来事・経済の動き	一人あたりの国民総生産（$）（GNP）
48～60年	李承晩	韓国独立・反共産主義 1953年朝鮮戦争休戦 三白工業（製粉、紡績、製糖）	
1961年	朴正熙	1963年大統領就任　軍事政権樹立 開発独裁　政府主導の経済発展戦略 「経済五カ年計画」 輸出主導型工業 70年代　軽工業から重工業へ 漢江の奇跡　財閥の形成	70年249ドル 75年592ドル
1980年	全斗煥	民主化運動 1981年　ソウルオリンピック誘致決定	80年1598ドル 85年2229ドル
1988年	盧泰愚	1988年　ソウルオリンピック開催 1991年　国連加盟	90年5886ドル
1993年	金泳三	1996年　OECD 加盟 ワールドカップ日韓共催決定 1997年　IMF の管理下に	95年10823ドル 97年10315ドル
1998年	金大中	1998年　「サイバーコリア21」IT 推進 2000年　南北首脳会談 2001年　IMF 完済 2002年　ワールドカップ開催	98年6744ドル 99年8585ドル 00年9770ドル 01年9000ドル 02年1万13ドル

各業者は国内から国外へと目を移し、海外でのコンテンツの提供に力を注いでいる。特にオンラインゲームコンテンツは、中国でのシェアが80％を占めるなど、アジアを中心に好調な伸びを見せている。今後、韓国内の IT 企業は一層スリム化が進み、海外進出の道をさらに強化していくことが予想される。

経済開発に始まった60年代、「漢江の奇跡」と呼ばれ高度成長を遂げた70年代、OECD 加盟を果たしながらも翌年には IMF 危機に見舞われた90年代、IT 産業で勝負をかけた21世紀、いくつもの峠を乗り越え迷走し続ける韓国経済は、今確かな未来、大国を目指し邁進中のようだ。

2002年韓国企業売上ランキング

順位	グループ名	会　社　名	総売上
1	三星	三星電子（家電・通信機器・半導体など）	19,866.40
2	三星	三星物産（建設・流通など）	18,144.72
3	現代	現代自動車	12,319.27
4	公共企業	韓国電力公社	9,831.15
5	LG	LG 商社（貿易・資源開発・衣類など）	9,827.25
6	現代	現代総合商社（貿易・資源開発など）	9,647.53
7	SK	SK グローバル（貿易・情報通信産業・ガソリンスタンドなど）	8,832.48
8	SK	SK（石油・化学・カードなど）	6,501.02
9	現代	起亜自動車	6,444.46
10	KT	KT（インターネットなど）	5,809.03
11	POSCO	POSCO（製鉄など）	5,454.35
12	LG	LG 電子（家電・通信機器など）	4,894.18
13	LG	LG Electronics Investment（LG 電子の株管理）	4,697.83
14	SK	SK テレコム（移動通信業など）	4,044.77
15	現代	現代重工業（造船・海洋事業など）	3,798.70
16	公共企業	韓国ガス公社	3,545.27
17	双龍	S－Oil（石油・製油・ガソリンスタンドなど）	3,531.44
18	大宇	大宇インターナショナル（貿易・資源開発など）	3,376.30
19	新世界	新世界（百貨店・スーパーなどの小売業）	2,968.99
19	新世界	新世界（百貨店・スーパーなどの小売業）	2,968.99
20	韓進	大韓航空	2,914.76
21	LG	LG 化学（石油化学・半導体部品など）	2,619.60
22	KT	KTF（携帯電話・移動通信）	2,588.79
23	現代	現代建設	2,535.61
24	現代	現代商船	2,401.29
25	韓進	韓進海運	2,179.44
26	三星	三星 SDI（PDP・LCD などのディスプレイの製造）	2,171.95
27	三星	三星重工業（造船・海洋プラント・建設など）	2,144.70
28	暁星	暁星（貿易・建設・石油化学工業など）	2,047.89
29	大宇	大宇自動車販売	1,801.38
30	現代	現代モビス（自動車部品製造）	1,775.97

（http://stock.nice.co.kr/eng/2002/4Q/ より）　単位：10億ウォン

三星・現代・LG・SK・大宇・韓進・双龍などの財閥系企業が上位を占めている

ソウル市内のホテルリスト

料金は2003年６月現在のダブル１室の通常料金（税別）を表示。季節や曜日によって料金の変動あり。旅行代理店やインターネットを通じて予約すると割引が受けられる。各ホテル、旅行会社に問い合わせのこと。

【高級ホテル】

ホテルロッテ
ソウル市中区小公洞１
Tel：02-771-1000　Fax：02-752-3758
http://www.lottehotel.co.kr
宿泊料金：34ウォン～

ハイアット
ソウル市竜山区漢南洞747-7
Tel：02-797-1234　Fax：02-798-6953
http://seoul.grand.hyatt.com/
宿泊料金：38万ウォン～

ウェスティン朝鮮
ソウル市中区小公洞87
Tel：02-771-0500　Fax：02-753-6370
http://www.westinchosun.co.kr
宿泊料金：37万ウォン～

新羅ホテル
ソウル市中区奨忠洞２街202
Tel：02-2233-3131　Fax：02-2233-5073
http://www.shilla.net/jpn/
宿泊料金：34万ウォン〜

コエックスインターコンチネンタル
ソウル市江南区三成洞159
Tel：02-3452-2500　Fax：02-3430-8000
http://seoul-coex.intercontinental.com/coeic/
宿泊料金：16万9000ウォン〜（キャンペーン期間のみの特別料金）

【中級ホテル】

ホリデーインソウル
ソウル市麻浦区桃花洞169-1
Tel：02-717-9441　Fax：02-715-9441
http://www.holiday-inn.co.kr/en/
宿泊料金：24万ウォン〜

コリアナホテル
ソウル市中区太平路１街61-1
Tel：02-730-9911　Fax：02-734-0665
http://www.koreanahotel.com/
宿泊料金：22万ウォン〜

プレジデントホテル
ソウル市中区乙支路１街188-3
Tel：02-753-3131　Fax：02-752-7417
http://www.hotelpresident.co.kr/
宿泊料金：21万ウォン〜

ソフィテルアンバサダー
ソウル市中区奨忠洞２街186-54
Tel：02-2270-3134　Fax：02-2272-0773
http://www.ambatel.com/sofitel/sofitel_k/
宿泊料金：28万6000ウォン〜

【エコノミーホテル】

ハミルトンホテル
ソウル市竜山区梨泰院洞119-25
Tel：02-794-0171　Fax：02-795-0457
http://www.hamilton.co.kr/
宿泊料金：13万5000ウォン〜

ニュー国際ホテル
ソウル市中区太平路１街29-2
Tel：02-732-0161〜9　Fax：02-732-1774
宿泊料金：13万5000ウォン〜

ブラウン観光ホテル
ソウル市城北区普門洞４街77-2
Tel：02-926-6602〜5　Fax：02-923-6602
宿泊料金：12万ウォン〜

メトロホテル
ソウル市中区乙支路２街199-33
Tel：02-752-1112　Fax：02-757-4411
http://www.metrohotel.co.kr/
宿泊料金：８万8000ウォン〜

ミラボー
ソウル市西大門区テヒョン洞104-36
Tel：02-392-9511　Fax：02-392-3829
http://www.hotelmirabeau.co.kr/
宿泊料金：８万ウォン〜

サボイ
ソウル市中区忠武路１街23-1
Tel：02-776-2641　Fax：02-755-7669
http://www.savoy.co.kr/
宿泊料金：15万ウォン〜

セントラル観光ホテル
ソウル市鍾路区長沙洞227-1
Tel：02-2265-4121　Fax：02-2265-6139
宿泊料金：９万4000ウォン〜

【格安ホテル】

天地ホテル
ソウル市中区乙支路５街133-1
Tel：02-2265-6131　Fax：02-2279-1184
宿泊料金：７万ウォン〜

ニューコリアホテル
ソウル市中区会賢洞１街86-3
Tel：02-776-2266　Fax：02-771-5900
宿泊料金：６万ウォン〜

YMCA
ソウル市鍾路区鍾路２街９
Tel：02-734-4964　Fax：02-734-8003
http://www.ymca.or.kr/hotel/
宿泊料金：シングル４万ウォン～

エメラルドホテル
ソウル市鍾路区楽園洞75
Tel：02-743-2001（日本語不可）　Fax：02-743-2003
宿泊料金：３万ウォン～

韓国観光公社ではホテル探しや観光案内、飛行機のチケットや列車の予約など日本語で案内してくれる。また、無料で地図や案内の冊子などを配布しており、無料でインターネットも利用できる。

韓国観光公社
住所：ソウル特別市中区清渓川路40番地
Tel：02-729-9600
Fax：02-753-6944
地下鉄１号線「鐘閣（チョンガク）駅」５番出口、永豊文庫の向かい側（徒歩５分)。
地下鉄２号線「乙支路入口（ウルジロイック）駅」２番出口、清渓川方面（徒歩５分)。

関係機関リスト

駐東京大韓民国領事部

住所：〒106-0047　東京都港区南麻布1-7-32　民団韓国中央会館２階

Tel：03-3452-7611～9

Fax：03-3455-2018

勤務時間:9:00～17:00(昼休み12:00～12:30、書類受付は16:00まで)

休館日：土、日曜日、日本の祝日および韓国の祝日（3/1、7/17、8/15、10/3)

管轄区域：東京都、茨城県、栃木県、群馬県、埼玉県、千葉県、山梨県、

駐札幌大韓民国総領事館

住所：札幌市中央区北３条西21丁目9-1

Tel：011-621-0288～9

Fax：011-631-8158

管轄区域：北海道

駐仙台大韓民国総領事館

住所：〒980-0011仙台市青葉区上杉５丁目5-22

Tel：022-221-2751～3

Fax：022-221-2754

管轄区域：宮城県、青森県、岩手県、秋田県、山形県、福島県

駐横浜大韓民国総領事館
住所：〒231-0862　横浜市中区山手町118
Tel：045-621-4531～3
Fax：045-624-2963
管轄区域：神奈川県、静岡県

駐新潟大韓民国総領事館
住所：〒951-8131　新潟市白山浦２丁目1-13
Tel：025-230-3400、3411
Fax：025-230-5505
管轄区域：新潟県、富山県、石川県、長野県

駐名古屋大韓民国総領事館
住所：〒450-0003　名古屋市中村区名駅南１丁目19-12
Tel：052-586-9221～3
Fax：052-586-9286
管轄区域：愛知県、福井県、岐阜県、三重県

駐大阪大韓民国総領事館
住所：〒542-0086　大阪市中央区西心斎橋２丁目3-4
Tel：06-6213-1401～10
Fax：06-6213-0151
管轄区域：大阪府、滋賀県、滋賀県、京都府、奈良県、和歌山県

駐神戸出張所
住所：〒650-0004　神戸市中央区中山手通2-21-5
Tel：078-221-4853～5
Fax：078-261-3465
管轄区域：兵庫県、鳥取県、岡山県、香川県、徳島県

駐広島大韓民国総領事館
住所：〒730-0017　広島市中区鉄砲町５丁目12
Tel：082-502-1151～3
Fax：082-502-1154
管轄区域：広島県、島根県、山口県、愛媛県、高知県

駐福岡大韓民国総領事館
住所：〒810-0065　福岡市中央区知行浜１丁目1-3
Tel：092-771-0461～３
Fax：092-771-0464
管轄区域：福岡県、佐賀県、長崎県、熊本県、大分県、宮崎県、鹿児島県、沖縄県

在大韓民国日本国大使館
住所：ソウル特別市鍾路区中学洞18-11
Tel：02-2170-5200
Fax：02-734-4528

在大韓民国日本国大使館領事部
ソウル特別市鍾路区寿松洞146-1利馬 Bldg. ７Ｆ
Tel：02-739-7400
Fax：02-723-3528（旅券・証明・在留届等）　02-739-7410（査証）

駐釜山日本国領事館
住所：釜山市東区草梁３洞1147-11
Tel：051-465-5101～6
Fax：051-464-1630

【お役立ちサイト】

在韓日本大使館

在韓邦人向けの情報が載っているので目を通しておこう。

http://www.kr.emb-japan.go.jp/

在日韓国大使館

ビザの情報などを参考に。

http://www.mofat.go.kr/japan/

ソウルナビ

グルメ、ショッピング、基本情報などソウルのことなら何でも載っている頼もしいサイト。

http://www.seoulnavi.com/

ソウルウィンドウ

留学・ワーホリを考えている人は一見の価値あり。アルバイト募集の掲示板も。日本語のパソコンでハングルを入力する方法も紹介されている。

http://www.seoulwind.com/

ソウル市庁ホームページ

ソウル市庁のホームページの日本語版。

http://japanese.seoul.go.kr/government/mayor/message/index.cfm

ソウルジャパンクラブ

会員でなくとも掲示板の閲覧可能。困ったときの参考に。

http://www.sjchp.co.kr/

首都圏大衆交通利用システム（韓国語のみ）
バスや地下鉄の路線案内。検索もできる。
http://www.algoga.go.kr/

ソウル中央郵便局（韓国語のみ）
ＥＭＳで送った郵便物の追跡調査ができる。
http://100.epost.go.kr/

【韓国の新聞が日本語で読めるサイト】
朝鮮日報　http://japanese.chosun.com/
東亜日報　http://japan.donga.com/
中央日報　http://japanese.joins.com/

【在韓日本人による情報サイト】

韓国生活者が作ったお役立ち情報満載のホームページ。これから韓国に旅行に行く人、留学する人に大いに役に立つことだろう。旅立つ前にメールで韓国事情を尋ねてみるのもいいかも知れない。きっと心強い情報源となるはずだ。
・イギリスで知り合った日韓夫婦ゴールドさんのホームページ。ネットショップをしている、かわいらしい韓国の雑貨屋さん。
http://www.geocities.co.jp/SweetHome/8927/
・ロシア、サンクトペテルブルグで出会った韓国人のご主人と2002年11月から結婚生活を始める日本人奥様ミチコさんのホームページサイト。生活情報のみならず、国際結婚事情など内容も充実。韓国で生活したい方、韓国人と結婚をしてみたいという方にはおすすめのサイトだ。
http://koreanr.hp.infoseek.co.jp/
・韓国の観光案内や、日記・写真集・サッカーについての内容は充実。メールマガジンも発行しており、リンク集・掲示板等ある。
http://korea.fumifumi.tv/